TRAUMA,
DEPRESSÃO e
ANSIEDADE

TRAUMA, DEPRESSÃO e ANSIEDADE

José Jacyr Leal Junior

Revisão
Maria Ofélia da Costa

Projeto Gráfico/Capa/Diagramação
José Jacyr Leal Junior

Impressão/Acabamento
Digitop Gráfica Editora

Esta obra não pode ser reproduzida, no todo ou em parte, qualquer que seja o modo utilizado, incluindo fotocópia ou xerocópia, sem prévia autorização do autor. Qualquer transgressão à Lei dos Direitos Autorais estará sujeita às sanções legais.

sarvier

Sarvier Editora de Livros Médicos Ltda.
Rua Rita Joana de Sousa, nº 138 – Campo Belo
CEP 04601-060 – São Paulo – Brasil
Telefone (11) 5093-6966
sarvier@sarvier.com.br
www.sarvier.com.br

Dados Internacionais de Catalogação na Publicação (CIP)
(Câmara Brasileira do Livro, SP, Brasil)

Leal Junior, José Jacyr
    Trauma, depressão e ansiedade / José Jacyr Leal Junior. -- 1. ed. -- São Paulo, SP : Sarvier Editora, 2022.

    ISBN 978-65-5686-022-0

    1. Ansiedade 2. Autoconhecimento 3. Depressão 4. Desenvolvimento pessoal 5. Gratidão 6. Mudança de atitude 7. Mudança de vida I. Título.

22-98064   CDD-158.1

Índices para catálogo sistemático:
1. Mudança de atitude: Psicologia   158.1

Eliete Marques da Silva – Bibliotecária – CRB-8/9380

Sarvier, 1ª edição, 2022

TRAUMA, DEPRESSÃO e ANSIEDADE

JOSÉ JACYR LEAL JUNIOR

Médico, Especialista em Ginecologia, Obstetrícia e Ultrassonografia. Nascido em 08 de maio de 1960, brasileiro, natural de Curitiba – PR. Médico do Corpo Clínico Hospital Santa Cruz e Santa Brígida. Diretor Médico do Centro de Avaliação Fetal Batel SS Ltda. Presidente do Instituto Jacyr Leal e FRAT.ER BRASIL Ltda. Idealizador do Programa SUPERCONSCIÊNCIA/FAMÍLIA DO FUTURO. Criador do Método Prático MEDICINA CONATIVA.

sarvier

Agradecimento

Agradecimento é sempre um momento mágico em nossas vidas. Poucos sabem bem o que sentir nessas horas e por isso mesmo não experimentam a gigante função até terapêutica que existe no "sentir-se" grato(a).

Claro que você conhece aquele agradecimento protocolar de todo dia, quando alguém te dá passagem, entrega alguma coisa ou te convida para jantar, enfim, a mais simples (e inconsciente) gratidão: - "Obrigado(a)"! Geralmente acompanhada por um sorriso educado.

Um passo adiante acontece quando você decididamente "sente-se" grato. Aquela ação do outro agregou de fato algum valor e te fez até sorrir mais. Você ficou feliz por ser lembrado(a), reconhecido(a), cuidado(a).

Vamos a uma terceira gratidão. Quando você sente um reconhecimento maior, recebeu um prêmio, ganhou um carro novo, foi escolhido como o(a) melhor da equipe... Sim! Muitas coisas na vida nos deixam muito felizes e prontos para comemorar até com uma festa.

Agora importa conversarmos sobre um quarto aspecto da gratidão. Quando nos tornamos capazes de sermos gratos até com as "coisas ruins". Vamos compreender isso bem devagar, poucos alcançam o pensar desse modo. Por hora, sou muito grato por você estar aqui comigo.

Trauma, depressão e ansiedade têm relação com a maneira com a qual vemos e entendemos o mundo. Como nos posicionamos diante das as pessoas, os fatos da vida e o que acreditamos ser a "verdade" entre nós. Melhorar essa atitude sobre a gratidão tomará boa parte deste livro.

O Autor

Sumário

EPÍGRAFE 9

PREFÁCIO 11

INTRODUÇÃO 15

Capítulo I
É URGENTE APRENDER A PENSAR 21

Capítulo II
TRAUMA NOSSO DE CADA DIA 26

Capítulo III
AH! ISSO É QUASE NADA 29

Capítulo IV
VIOLÊNCIAS SUTIS 35

Capítulo V
LISTAS DE AÇÕES I 40

Capítulo VI
LISTA DE AÇÕES II 46

Capítulo VII
MAIS ALGUMAS CONSCIÊNCIAS 56

Capítulo VIII
DEPRESSÃO, UMA TRISTEZA LÍQUIDA 65

Capítulo IX
ANSIEDADE, UMA ESTRATÉGIA DE AÇÃO 73

Capítulo **X**
A MENTE PARA A VIDA 78

Capítulo **XI**
COMO COSTUMAMOS PENSAR? 88

Capítulo **XII**
O QUE VOCÊ QUER? 96

Capítulo **XIII**
EU DOU CONTA 100

Capítulo **XIV**
LIMITES DA REALIDADE 103

Capítulo **XV**
POSSÍVEL E ÚTIL 112

POSFÁCIO 114

A HISTÓRIA DO FAZENDEIRO CHINÊS 118

BIBLIOGRAFIA 119

BREVE CURRÍCULO 121

Epígrafe

Gratidão.

*Gratidão não demanda festa
com fogos e fotos,
não é joia de exibir a julgar valor
nem notícia de capa de revista,
flagrante que paparazzi conquista
em busca de notícia escravizada.*

*Gratidão é uma luz íntima
Que se acende dentro da gente
E que quando se sente, sente...
Ilumina mesmo apagada.*

Saulo Pessato

Prefácio

Em uma visita do meu querido amigo, o Dr. Jacyr Leal, fui surpreendido, com muita alegria, pelo convite para prefaciar seu mais novo livro intitulado "Trauma, Depressão e Ansiedade". Como expressar o quanto me sinto honrado por ser um dos primeiros a desfrutar da leitura dos originais desta importante obra?

Tenho acompanhado, há praticamente duas décadas, a trajetória de estudos do Dr. Jacyr Leal e sua incansável busca por mais conhecimentos, bem como sua nobre experiência médica dedicada a amenizar o sofrimento humano. Admiro seus esforços, que já resultaram na autoria de vários livros, os quais fundamentam o Programa Superconsciência/Família do Futuro, cujo objetivo maior é fortalecer famílias por meio de reflexões positivas e provocativas.

Nesse contexto, os temas escolhidos para o novo livro fazem parte de uma realidade que nos afeta a todos. Surgem, a qualquer momento, na rotina de nossas vidas e exigem mudanças de atitude que devemos priorizar em busca da ampliação de nosso bem-estar físico e emocional.

Trata-se de conquistar o fortalecimento de nossas estruturas psíquicas, a fim de evitar quadros patológicos, pois, independentemente do trauma, é evidente que existe sempre o desejo de encontrar a paz, o afeto, a segurança, para restabelecer vínculos afetivos e relações de confiança.

Assim sendo, com muita clareza e didática, o leitor é levado a um percurso rico de exemplos e que aponta possíveis soluções para dificuldades enfrentadas no decorrer da vida. O objetivo é ajudá-lo a potencializar a consciência do próprio valor, a fim de fortalecer sua saúde física e emocional.

Em cada um desses exemplos, percebo a experiência de um grande médico somada à sua formação humanista, o que resulta na sutileza, magistral e estratégica, empregada para nos fazer tomar consciência de por que nos prendemos aos aspectos negativos, enfatizando-os e deixando de contatar nossa emoção genuína? Uma tendência que nos impede de reconhecer outras possibilidades e, consequentemente, de alcançar mais qualidade de vida.

Diante desse problema, o Dr. Jacyr dirige o olhar para a importância das emoções que atravessam o nosso dia a dia e mostra que elas são capazes de conferir destinos diferentes às relações humanas, dependendo do lugar ocupado em nossas vidas pelo cuidado psicológico, social, familiar, espiritual e físico.

Ao propor às pessoas que deem mais atenção às emoções, brilhantemente chamadas de "amor neural", ele alerta para a necessidade de estarmos preparados para lidar com as experiências da vida e com a subjetividade que se produz a partir delas. Essa maneira de ser e estar no mundo, exige, por sua vez, que adotemos uma posição resiliente diante da vida e de nós mesmos, compreendendo que é preciso e possível "aprender a pensar, acreditar, compreender, ressignificar e fazer novas escolhas", a despeito da sociedade hipermoderna da qual fazemos parte.

Além disso, o Dr. Jacyr destaca a força de atitudes simples como "aprender a olhar, enxergar todos os lados da experiência, valorizar o que vemos, valorizar os que vivem para permitir nossa história", pois elas têm uma grande potência afetiva transformadora, sendo capazes de modificar a maneira como os genes se expressam. Cada ser humano nasce programado para entrar em relação com outro ser humano – caso contrário não sobreviveria –, sendo que os indivíduos se desenvolvem e evoluem justamente a partir dessa interação. Logo, desde o nascimento, as pessoas demandam "nutrição afetiva, acolhimento, contato físico, limites estruturantes e reconhecimento, por meio de rotinas de afetividade, humor e espiritualidade". Com isso, serão capazes de ampliar a consciência sobre si e sobre os outros para protagonizar atitudes resilientes e encarar as "mudanças", não como ameaças, e sim, como oportunidades de crescimento.

Com base nesses princípios, o livro se apresenta como um guia para lidar com o sofrimento humano, o que exige doses de inteligência, a fim de aproveitarmos, ao máximo, as potencialidades do nosso cérebro, determinantes para a conquista da paz e da felicidade. Segundo o autor, os elementos citados no título, Trauma, Depressão e Ansiedade, podem provocar "um afastamento de nós mesmos" como defesa diante da angústia, mas as "atitudes confiantes" perante a vida são "tremendamente preventivas e terapêuticas". Traumas mal resolvidos podem, como ele explica, levar à depressão que é, afinal, a própria tristeza relacionada às "experiências primárias de perdas mal elaboradas e ao desequilíbrio consequente dos neurotransmissores, esburacando o coração".

Nessa dinâmica, é fundamental a aceitação da "pessoa possível" que podemos ser, muito embora o Dr. Jacyr, um otimista em relação ao ser humano, aposta na capacidade de fazer escolhas mais saudáveis e de utilizar ferramentas mentais capazes de nos ajudar a ser muito mais do que pensamos.

Atualmente, a queixa de ansiedade excessiva é recorrente nos consultórios e, mais uma vez, como um sujeito que acredita no potencial humano, o Dr. Jacyr se refere à ansiedade como um "estado emocional superior que nos prepara para o que iremos enfrentar". Um recurso interno refinado e poderoso que, diante do planejamento mental, pode aumentar a capacidade de enfrentamento de desafios e diminuir o medo.

Segundo Freud, o ser humano é um sujeito do desejo, cujo motor é a pulsão de vida, força que o leva a construir, fazer, amar, lutar, trabalhar. De acordo com Frankl, é um sujeito guiado pela visão de futuro, bem como pela direção e sentido que confere à vida. Assim, desde que bordejado pelo "humor" e pela "espiritualidade", o ser humano é capaz de "sentir, pensar e agir", acionando a "anandamida", um "analgésico natural contra dores e tristezas". Logo, o Dr. Jacyr apregoa que o bem-estar depende de se usar o cérebro, aprendendo a pensar, desde que seja um pensar alavancado pela pulsão de vida, na direção de um sentido. Mas como fazer isso?

- Ele explica que esse aprender a pensar envolve uma mudança de perspectiva, escolhendo o que pensar, sentir e viver, tornando-se capaz de avaliar melhor a vida e de colocar "no automático" pensamentos mais positivos sobre si, a vida e o outro. De acordo com ele, a forma como decidimos perceber e interpretar nossas experiências determina o nosso bem-estar, sendo necessário "treinar o pensamento para manter a paz, sempre".

Assim, antes de finalizar meu depoimento, sugiro que nos façamos sempre aquela "perguntinha básica": você quer o que você deseja? Proponho ainda que, ao longo de nossa caminhada, busquemos continuamente nos conhecer, pois, muitas vezes, nos impomos ideais inatingíveis que pouco tem a ver com aquilo que, lá no íntimo, desejamos verdadeiramente. É por isso, caro leitor, que o convido a embarcar nessa leitura, disposto a prestar atenção em si mesmo!

José Leopoldo Vieira
Dr. h.c. em Psicomotricidade Relacional
e Análise Corporal da Relação
Diretor do CIAR

Introdução

Todos nós desejamos paz, tranquilidade..., e carregar no peito e na alma a marca da felicidade. Isso requer uma vida planejada, livre, sem muitos sobressaltos. Ninguém deseja sofrer, tampouco merece sofrer.

Mas..., não é possível acabar com o sofrimento. Faz parte da nossa existência, da nossa história, do início ao fim.

Contudo, amenizar, aprender com a dor, crescer, é até uma obrigação de todos nós.

Sou médico e desde muito cedo na profissão somos apresentados ao valor que está presente no "desejo de diminuir o sofrimento do próximo", quer em processos de tratamento para a cura ou, quando este se mostrar impossível, ao menos aliviar a dor. Também, ao longo da vida médica, conhecemos muito sobre sofrimentos desnecessários, tudo o que se pode evitar acontecer com atitudes preventivas objetivas.

Além da área médica, em muitos aspectos a psicologia não fica distante, às vezes até se cruzam no caminho, nas chamadas doenças psicossomáticas. Um pensamento persistente que provoca um dano físico. Podemos tomar como exemplo a gastrite "nervosa" ou até já a úlcera "nervosa". Nervoso com o quê? Um buraco no estômago por quê?

Nós médicos precisamos às vezes escorregar para o lado humano da dor, só assim a úlcera "fechará". Claro! Prescrevemos o antiácido, o protetor gástrico, o..., mas é preciso tratar a causa primária, não se fixando na consequência. Uma úlcera "que não precisava existir"; um diagnóstico por videolaparoscopia "que não precisava acontecer"; uma perda de tempo e dinheiro "que precisa acabar".

Pouco a pouco nos damos conta de que muitos sofrimentos são ilusões. Coisas inventadas dentro das nossas cabeças (que vão nos levar à úlcera..., e à loucura). Basta uma mudança do olhar sobre os fatos, às vezes um pequeno treino para conhecer outras realidades e pronto, a dor desaparece como por mágica. E aqui a depressão e a ansiedade ocupam lugar de destaque em nossa sociedade. Existem saídas mentais, inteligentes, práticas e possíveis..., que pretendo mostrar neste livro.

Vamos a uma historinha.

Imagine que você, esposa, vê na rua outra mulher abraçada com o seu marido. Eles entram em um carro e saem em disparada. Não viram você. Um susto, surpresa, choro e muita dor. Você nem volta para casa, mesmo com seus filhos esperando. Passa um mundo de imagens em sua cabeça e você não sabe o que faz. Tristeza imensa. O que aconteceu?

- Você sabe o que viu, era mesmo seu marido, o carro dele..., outra mulher. Você foge para a casa de uma amiga, a emoção não a deixa pensar e precisa de alguém para tentar "recolocar a cabeça no lugar".

Contando a história para a melhor amiga, ela, claro, toma suas dores. Cansada e sofrida pela própria narrativa recente, um divórcio mal resolvido, decide partir para cima e salvar você, traída por aquele monstro ingrato.

Sem saber o que fazer ou para onde ir, carregando uma dor tremenda no peito, você acaba voltando para casa, afinal, os filhos poderiam dar algum alívio apenas com a presença deles. Não pretende contar nada por enquanto, não quer que sintam a dor que está vivendo.

Ao entrar em casa percebe uma bagunça que vem dos quartos e ao se aproximar ouve uma voz feminina, alegre e desconhecida. Ao chegar no quarto dá de cara com a mulher que estava abraçada com o seu marido, horas antes, e todos ali se divertindo muito.

- "Oi mãe, que bom que você chegou! Esta é a tia Bernadete que mora na Alemanha, prima do papai, chegou hoje e é a primeira vez que vem para o Brasil. O papai está na cozinha preparando aquela coisa que só ele sabe fazer para comemorar a visita da tia. Ele disse que queria te fazer uma surpresa".

Nesse instante ele entra no quarto com uma colher de sopa em uma das mãos, suja de tomate também nos braços e na roupa, sorri para a esposa, dá um adorável beijo e diz que aquela é a prima que cresceu com ele durante maravilhosos dias da infância e foi embora muito cedo, para fora do país, e o quanto ele estava feliz em vê-la.

Por que conto esse "caso" aqui?

Pare um pouco e respire.

Muitos dos nossos sofrimentos surgem de histórias que contamos para nós mesmos. Aquilo que acreditamos, pensamos, imaginamos..., geralmente sem pensar bem, pensar mais, pensar antes, pensar melhor.

Contei um fato agudo. Mas... (agora importante para a nossa compreensão do tema), quantas coisas – verdades nossas – carregamos ao longo da vida e, sem reconhecer e trabalhar mais tais informações, vivemos uma dor crônica, difícil de corrigir. Muitas vezes inconscientes, apenas dirigem os nossos sentimentos e comandam o nosso destino – sem controle. Que destino é este que permito sem questionar?

Por que estamos com uma úlcera?

O que fazer?

- Aí está! Torna-se difícil porque não voltamos para casa, não entramos nos quartos da vida e não nos permitimos conhecer as "verdadeiras histórias", principalmente daqueles que convivemos e afirmamos amar.

No começo da relação de casado, certo dia minha esposa perguntou para mim por que eu não gostava dos pais dela. Uma surpresa para mim porque aquilo não era verdade. Gostava deles (gosto) e me sentia bem quando chegavam em nossa casa. Eu cumprimentava, conversava, acolhia no que era necessário... "De onde você tirou isso"?

- "Você quase não conversa com eles e parece triste quando estão aqui. Às vezes está no computador e nem desce para recebê-los".

- "Como assim"?

Para "a minha verdade" eu reagia de acordo. Para a dela, não.

Fato! Às vezes eu estava concentrado em meu escritório e ouvia eles chegarem, brincarem com a nossa filha, conversarem e depois de terminar o que estava fazendo eu descia para estar com eles. Para mim, eles estavam "em casa", não eram visita.

Presta atenção agora. Para a minha verdade estava tudo bem, para a da minha esposa, não. Para ela, eu deveria descer na hora que eles chegassem, cumprimentar, conversar...

Na vida, nós construímos as nossas "verdades", cada um de modo diferente, de acordo com as experiências. Trato esse tema de modo bem mais profundo em VERDADE, REALIDADE, INSANIDADE.

O que é importante aqui?

- Pergunte!

Se minha esposa não perguntasse sobre minha reação em relação aos pais duas realidades iriam acontecer. Por parte dela, seguiria triste, me achando um "estranho" e com consequências ruins em nosso relacionamento, mesmo inconscientes. Afinal, pais são pais, e eu "não gostar deles" afetaria o nosso futuro, de um modo ou de outro. Da minha parte, eu seguiria meu jeitinho, achando que estava agradando – e não estava.

O simples fato dela perguntar trouxe nossa atenção para um problema e novamente duas consequências se tornaram possíveis. Por parte dela, confiar em mim, em meu jeito, e saber que o meu comportamento não era uma agressão. Eu pude verbalizar para ela o que sentia e o que faria a partir dali. Isso nos traz à minha parte. Estar mais atento para mudar meu comportamento quando eles viessem "nos visitar".

Para a minha verdade eles não são visita. Para a dela...?

Chave da questão. Pense! Quantas coisas estão acontecendo hoje em sua vida apenas por que você ainda não..., perguntou?

- As "consequências", muitas vezes, levam-nos a chorar e procurar apoio na casa das melhores amigas, ou amigos. E as úlceras vão se abrindo apenas porque..., não perguntamos.

- "Quem é esta que está abraçada com meu marido"?

- "Por que você trata mal meus pais"?

- Fácil?

- Nunca.

Mas, se não pararmos para pensar a vida nos pregará peças..., muitas, diferentes, complicadas..., até pararmos para pensar.

Pensar mais, pensar melhor, pensar antes...

Todo o Programa SUPERCONSCIÊNCIA/FAMÍLIA DO FUTURO foi criado para isso mesmo, "contar histórias" e fazer você refletir. Contudo, este livro agora optou por atacar diretamente as consequências do não pensar, pontos muito importantes e frequentes do sofrimento humano:

- TRAUMA, DEPRESSÃO E ANSIEDADE.

Sempre afirmo que não sou dono da verdade, não sei tudo e, portanto, não entrego todas as respostas. No entanto, essas respostas precisam ser construídas por você. Você precisa "entrar nos quartos da vida" e "subir as escadas" para perguntar e ouvir dos outros muitas histórias. Acreditar, compreender, ressignificar e fazer novas escolhas, são valores do programa que existem para serem conhecidos, ativados e exercitados. Passaremos por todos eles, muitas vezes, mesmo sem falar deles.

Não precisa racionalizar sempre, às vezes basta confiar e sentir. Confiança em você mesmo(a), no outro, na esperança por dias melhores, um mundo melhor, como passar pela dor, como sair do outro lado sempre mais inteiro(a) do que entrou.

Este livro é para a vida, para a sua família, para você, enfim, satisfeito com o mundo e com sua própria história. Mesmo quando a lição for bem difícil você aprenderá a passar por ela e sair dela com sabedoria.

E ainda agradecerá a lição ruim, dura muitas vezes, difícil. Contudo, terá maior consciência de que ela sempre ajudará você a caminhar um pouco mais na direção da verdadeira felicidade. Um dia descobrirá o que é estar contente, satisfeito e em paz. Trataremos mais A fundo o tema "CONTENTAMENTO" no último livro do Programa, VOCÊ, CIÊNCIA E ESPIRITUALIDADE.

Apenas lembre-se:

- "Está tudo certo sempre". Mesmo que ainda não saibamos disso.

Só quero, para terminar essa introdução, que você avalie:

- Nunca alcançaremos perfeição aqui na Terra. O sofrimento nos acompanhará até o último dia, como eu gosto de dizer, até a última lágrima. No entanto, com mais consciência, essa lágrima será cada vez mais doce, mais pura, mais amorosa, com mais gratidão. Porque passaremos cada vez mais, e finalmente, a acreditar, compreender, dar novos significados e fazer novas escolhas.

E quem disse que alguém forte como você precisa de lições fracas?

- "Ah! Eu prefiro sombra e água fresca!".

- Se pensarmos no curto prazo, eu também! Muito bom ser feliz sem problemas e preocupações. Porém, desse modo, a gente não cresce, atrofia, morre, acaba, desaparece. A vida não valeu para nada.

Afinal, o que estamos fazendo aqui na Terra se não um grande curso para aproveitar melhor toda a eternidade?

- Pense nisso.

Capítulo **I**

É URGENTE APRENDER A PENSAR

Somos a soma das nossas experiências. Todas elas constroem o cérebro e moldam a mente. Vivemos uma mescla entre razão e emoção, comandadas pelo que pensamos ou já gravado em nosso inconsciente, tomando conta da nossa felicidade (ou infelicidade), vida e destino.

Temos desejos, carências, faltas e muito do que nos gera a morte, mesmo que ainda em vida. Por outro lado, também vivemos presenças, bons relacionamentos, conquistas, necessidades atendidas, contentamento e aceitação, produzindo dias e noites de qualidade.

As melhores batalhas acontecem quando lutamos por amor. Principalmente as que aparecem em nossos próprios sonhos. Portanto, é preciso aprender sonhar e lutar.

E..., o que são crises?

- Segundo a filosofia oriental – e tantas outras – são apenas mudanças na dinâmica da vida. Tudo parece certo e subitamente, às vezes nem tão súbito assim, o céu desaba sobre nossas cabeças.

- "Eu não esperava"!
- "Não queria"!

Na verdade, são tão somente outras rotas que a vida irá tomar dali em diante. Oportunidades de crescimento, afirma a boa filosofia.

Não necessariamente as crises são consequências de situações negativas, uma promoção, um novo emprego, uma viagem inesperada..., e muitas outras "coisas boas", cada uma delas gera uma crise, afinal, adaptações são necessárias. O céu desaba "no bom sentido".

Não queremos mudar nada, faz parte do nosso cérebro preferir a "não mudança". Mas, como crescer sem essa mudança, sem desafios, sem crises? Enfim, lutamos contra o quê?

- Lutamos contra nós mesmos, Crenças de que tudo deva permanecer igual, paralisia, paralisados, parados. Quem quer ficar parado?

Como superar as crises?

- Conhecimento, reflexão, coragem... aceitar as coisas como elas são. Não me refiro a aceitar com passividade, lutar faz parte do plano, dos processos de mudança. Mas, acatar o que restar impossível..., e seguir.

Os valores do Programa SUPERCONSCIÊNCIA/FAMÍLIA DO FUTURO foram pensados para ajudar você neste processo:

- Acreditar na vida, no universo, nos outros, em você.
- Compreender os fatos de cada dia, os relacionamentos, o modo como nos defendemos, como atacamos, protegemos nossos desejos.
- Ressignificar tudo o que passa à nossa frente, dar novos significados, antes disso, estarmos atentos e abertos para sermos capazes de enxergar novos significados.
- Fazer novas escolhas a partir desses entendimentos.

Tão importante quanto esses valores será reafirmarmos agora o principal objetivo do Programa:

- **REFLEXÃO**. Fazer você pensar a cada minuto. É aqui que todas as horas de estudo, livros e palestras que realizo desde 2003 pretendem chagar. Repito, não sei tudo, não tenho todas as respostas, também estou como você neste processo da vida. Ninguém é dono da verdade, procurada desde o início da história da mente, a que evoluiu para a filosofia, a ciência e seus muitos questionamentos. Filosofia, ciência..., a arte de fazer perguntas e nunca se contentar com as respostas. Certeza pode ser uma grande inimiga. Só os fracos se fixam em certezas.

E no meio dessa confusão colhemos TRAUMA, DEPRESSÃO E ANSIEDADE. Como tratar esses males?

- Com perguntas! Porém, é preciso ouvir as respostas, elas sempre estarão lá. Aceitar perdas. Perdas essas que, segundo o que insisto há muito, nada mais são trocas. Trocas que nos levam de um ponto para outro na vida. Crescer ou regredir a partir dessas trocas (perdas) é nossa opção.

Vamos passar agora, e rapidamente, pelos principais temas que serão abordados neste livro. Um aperitivo para deixar claro e introduzir você em alguns aspectos fundamentais para o "entendimento" de alguns porquês. Apenas, como seguirei sempre, com provocações.

TRAUMA

É uma marca deixada em nós após um evento real (ou imaginação – lembre-se aqui da história do "marido 'pego' com outra mulher"). Evento que traz algum dano a um ou mais componentes da família, pessoas caras para nós e para todos enquanto SISTEMA.

Fato:
- Há sempre muito amor envolvido.

E agora a frase principal:

> **SÓ SERÁ AMEAÇA NA MEDIDA DO MEU DESPREPARO**

Portanto, o que será preciso para a nossa vitória?
- Preparo!
- Aprender a resolver problemas, aceitar realidades que não possam ser modificadas, mas sim superadas, e aprender com o novo.

DEPRESSÃO

Uma tristeza sem causa aparente. Não tem mais forças para lutar.

Agora atenção, vou repetir:
- "Sem causa aparente".

A depressão verdadeira não tem uma causa externa conhecida. Há uma deficiência química cerebral de substâncias importantes para o sustento da nossa integridade e felicidade.

Porém, na maioria das vezes que se diagnostica um sofrimento como depressão, existem causas para este estado de humor. <u>Um acúmulo de traumas não elaborados ou mal resolvidos</u>. Se não houver um bom preparo emocional e racional para abraçar, sustentar e superar tais crises, ganha-se tristeza. Muita tristeza a que "alguém" decidiu nomear como depressão e assim oferecer uma causa médica para ela. Portanto...,

> **SÓ SERÁ AMEAÇA NA MEDIDA DO MEU DESPREPARO**

Lembre-se sempre que estiver triste:

- Crise, uma OPORTUNIDADE que instiga mudanças.

Para melhor ou pior dependerá de "acreditar, compreender, ressignificar e fazer novas escolhas". Portanto, depende de você.

ANSIEDADE

Todos nós encaramos ansiedade como um problema. Temos em nós o termo como um sentimento ruim e que nos atrapalha e muito para resolvermos algumas das nossas difíceis questões diárias.

Contudo, ansiedade é tão somente um estado emocional preparatório, antecipa mentalmente um fato ainda incerto. Se ansiedade é capaz disso, nos ajuda, e muito. Lembre-se de que, como humanos, somos a única espécie que possui lobo frontal, área do cérebro responsável por planejamento estratégico e visão de futuro. Por isso, somos capazes de "olhar para a frente" e imaginar o que fazer – planejar, agir, acontecer. É o chamado cérebro novo, um preparo muito maior da natureza para nossa sobrevivência, uma evolução das nossas defesas neurais.

O cérebro antigo, primitivo, desenvolveu as emoções. O medo é parte importante dessa conversa. Se olho para frente e me vejo incapaz de "resolver" o que enxergo, sinto medo. Começo a roer unhas, "tremer na base", afinal, não me sinto preparado (ou estou, mas não confio em mim mesmo). Na verdade, geralmente não estou preparado. Portanto...

> **SÓ SERÁ AMEAÇA NA MEDIDA DO MEU DESPREPARO**

Se me sinto preparado, sorrio, sigo em frente, e subo no palco onde sou o protagonista.

Na verdade, tudo deixa de ser problema se aprendemos a pensar e agir sobre os fatos da vida. O sentir é consequência – tristeza, medo..., ou confiança e satisfação. É preciso se preparar e saber preparar um filho para a vida. Sabe aquela frase "a vida é dura para quem é mole"? Pois é!

Prevenção, superação, resolução..., para chegarmos a elas precisamos nos confessar. Sim! Confessar que somos pouco conscientes dos porquês das nossas atitudes. Na religião a confissão existe para que você não vá para o inferno. No mundo de todos nós é para não vivermos no inferno. Outra frase conhecida:

- "O inferno é aqui"! Depende diretamente do nosso despreparo.

Este é um conhecimento profundo – SUPERCONSCIÊNCIA – que fará grande diferença em sua vida. Tenha coragem, vai dar certo. Vá até o final deste livro.

- "O que ganho para manter a vida entre o jogo e a farsa"?
- "O que ganho para viver na dor"?
- Excelentes perguntas. Podemos manter o teatro, a compra de remédios – hoje os mais vendidos no mundo – permanecer escondidos em casa, debaixo da cama, roendo unhas, ou... A melhor de todas as questões:
- "O que eu posso fazer para crescer (mais rápido)"?
- A melhor de todas as respostas:
- Refletir e agir. E, desse modo, criar verdadeira intimidade consigo mesmo.

"Somos muito mais do que um tubo inerte por onde entram oportunidades e saem apenas detritos de nós mesmos. A vida é muito mais que isso, você é muito mais. Tem direito e obrigação de ser feliz".

Capítulo **II**

Trauma Nosso de Cada Dia

Tipos de eventos que causam traumas.

Claro que será impossível colocar neste livro todos os eventos ruins que surgem em nossas vidas. O objetivo aqui é apenas chamar a atenção para os mais comuns, previsíveis e, portanto, evitáveis.

Questões físicas como quedas; cortes; queimaduras; choques elétricos; intoxicação; asfixia; acidentes no contato com animais; pelo uso de diversos meios de locomoção. Some a esses os diferentes tipos de violência e as muitas doenças que nos afetam de modo agudo ou crônico, leves ou graves. Não é nosso objeto aqui detalhar cada um ou mesmo construir uma lista completa, você pode ter se lembrado de outras causas de danos físicos. Meu desejo é apenas contar que "eles existem".

Associados ou não a esses eventos podemos considerar também as **questões emocionais** que tanto nos incomodam. Essas, muitas vezes, diretamente ligadas "ao modo como pensamos sobre a vida". Lembre-se sempre do "precisamos aprender a pensar".

Por fim, um assunto pouco considerado pela maioria, as **questões espirituais**.

Como assim, Dr. Jacyr, você pode perguntar. Talvez eu responda muito mais no último tema do Programa SUPERCONSCIÊNCIA/FAMÍLIA DO FUTURO – VOCÊ, CIÊNCIA E ESPIRITUALIDADE. Por agora fique centrado apenas nos "traumas" e, pelo lado espiritual, apenas pondere como fazemos por merecer o que há de melhor na vida e em todo o universo.

Gosto de citar que nas questões emocionais existe um "afastamento de nós mesmos". Tanto é que procuramos um psicólogo, um religioso, um conselheiro..., para que nos ajude a retornar ao centro e à paz. Nas questões espirituais, afastamo-nos de Deus.

Tenho aqui comigo um bilhete de Deus para você. Um recado absolutamente terapêutico:

- *"Mesmo que se distraia, afaste-se ou abandone a si mesmo, por diversas vezes em sua vida, Eu nunca desistirei de você".*

Quando não estamos bem, não foi Deus quem nos deixou. Pense (muito) nisso.

Pare de ler agora, vá tomar um copo d'água, beijar um filho, abraçar pai, mãe, avó, avô, telefone para quem você ama, diga que sente muita falta... Isso é muito espiritual, dar a devida atenção ao outro e a Deus. Pode ser por WhatsApp, Telegram... Pode! E se quiser chorar um pouco, abrace a si mesmo. Você merece e precisa.

Achou ridículo o que escrevo aqui, tudo bem, pare de ler por mais tempo, deixe para amanhã, talvez o afastamento de tudo já esteja grande demais para você. Acredite, respeite o seu momento atual e o que você pensa..., porque todo mundo um dia precisará viver "o filho pródigo". Em outras palavras, "voltar para casa". Mais bem explicado, "retorna para si mesmo" (o centro de onde nunca deveria ter saído).

Além dos tipos de traumas é preciso ter em mente áreas de atenção. Por exemplo, a idade. Claro, um bebê exige cuidados; uma criança a cada momento requer um tipo diferente de olhar; o jovem, entusiasmado com a vida e os novos riscos, até deseja se expor a eles; o adulto, com as responsabilidades próprias do início da vida adulta, olha tudo com mais cuidado; com mais idade, no platô da estabilidade e percebendo que já trabalhou e viveu o auge da produtividade, já começa a ter melhor noção do que valorizar; e, por fim, o idoso, que cada vez mais alcança idades tão avançadas, inimagináveis um século atrás, sabe que logo deverá partir e dar lugar para aqueles que ainda correm como loucos pela vida.

Tipos de risco diferentes para cada idade, os ambientes por onde passamos ao longo dos dias (e das noites), dentro ou fora de casa, um ambiente próximo como o jardim de onde moramos e pode esconder animais peçonhentos, espinhos, degraus que nos convidam a cair, piscina, arames esticados, farpas..., quantas coisas que só nos damos conta "após acontecer"?

Você sabia que pessoas morrem porque, distraídas, batem a cabeça em portões automáticos em movimento? Porque caem em calçadas tão irregulares que seria melhor se ainda "caminhássemos" pelas árvores... Sei, exagerei, mas, não sobre portões e calçadas.

Fato é que precisamos assumir uma atitude maior. Não apenas como prevenção aos fatores de risco, refiro-me à atitude corporal.

Você sabia que um bandido prefere escolher uma vítima que esteja caminhando com a cabeça baixa, olhar distante, desatenta, entristecida..., do que alguém com aspecto confiante e determinado? Sua coluna e seu humor também agradecem.

Talvez você não faça ideia da importância da "atitude" postural em sua vida. Não me refiro à arrogância e à empáfia. Nem preciso explicar isso (acabo de elevar a minha coluna aqui, aprume a sua).

Sempre se porte e aja com atenção (e ousadia) nos caminhos pelos quais passar, quer seja indo, quer voltando da escola, trabalho, compras, feira, diversão... e quando estiver nesses ambientes nunca perca a atitude confiante (e amorosa).

Acredite, compreenda, ressignifique e faça novas escolhas. Sua atitude perante a vida é tremendamente preventiva e também terapêutica, respectivamente, antes, para evitar, e depois do trauma acontecido, para curar ou aliviar. Lembre-se sempre, é sua a vida (e a de todos nós). Cuide-se.

Capítulo **III**

AH! ISSO É QUASE NADA

Vamos falar um pouco sobre eventos sutis, às vezes nem tanto.

Tudo na vida exige adaptações da nossa parte. Precisamos estar atentos para o que se convencionou chamar de mudanças no ciclo de vida familiar. São eventos que surgem nas famílias, alguns deles inevitáveis e que podem trazer danos imensos quando não estivermos preparados ou não nos permitimos aprender e crescer com eles.

A chegada de um novo membro na família. Um filho. O nascimento de uma criança, mesmo que programado, exige imensos ajustes na dinâmica da casa, no trabalho daqueles que sustentam o sistema familiar, requer a ajuda dos avós, tios, irmãos mais velhos... Um caos quando não "pensado". Este tema dá um livro inteiro, não é o caso aqui. Basta para nós sabermos que há uma importante mudança na dinâmica da família. E que mudança.

De acordo com o temperamento do novo "bichinho" os pais se veem loucos... Agora quero que você lembre desta frase, chave-mestra para a solução de muitos dilemas:

- "Só será ameaça na medida do nosso despreparo".

Os filhos crescem e os desafios serão cada vez maiores. Meninos e meninas têm exigências diferentes. É inteligente crescermos com eles, crescermos neles, para nós, para eles, por eles..., a fim de que todos os envolvidos aprendam a grande lição do amadurecer necessário para vencer neste mundo e os filhos, quando maiores, passarem suas experiências adiante.

Mudanças também são necessárias quando um parente ou amigo vem morar em sua casa para estudar, trabalhar. Muito comum nas famílias, principalmente naquelas que vieram antes do interior para viver nas grandes cidades, e passam ao longo da vida a receber "hóspedes", quer seja por um período curto, quer, às vezes, até "para ficar". Quantas adaptações necessárias, quantos problemas novos que..., "já sei, só serão ameaça na medida do meu despreparo".

Perdoe-me a insistência nessa frase, porém há um motivo para tanta repetição. Serve para lembrarmos de sair dela.

Está bem! Não repito mais. Você já entendeu que a felicidade e a paz moram em nosso preparo (físico, mental e espiritual).

E a partida de um membro?

- Agora que você estava se acostumando com o hóspede, ele já fazia parte da família, até gostava da companhia..., ele aparece um dia na sua frente e diz que "vai embora".

As partidas são de diversos tipos:

- Por morte provavelmente seja a pior. No livro VOCÊ, CIÊNCIA E ESPIRITUALIDADE, vou tratar bastante desse tema a fim de deixá-lo mais "aceitável". Está bem, prometi que não repetiria mais aquela frase, então, não vou.

- Mas, as partidas podem ser boas despedidas, como para uma viagem que pode ser apenas por um breve tempo, como férias (na Sibéria), por um tempo maior como estudos em outro país. No entanto, elas podem ser definitivas. Tudo exige um grande "parar para pensar". Adaptar e se readaptar.

- Outra partida, e espera-se definitiva, é o casamento de um filho(a) (para os pais, irmãos, e para quem tomou a grande decisão). Maldosamente citei como uma "espera definitiva" porque, infelizmente (e por absoluto despreparo), o divórcio torna-se cada vez mais comum. Tema que combato no livro AMOR, CÉREBROS E ESCOLHAS. Acredite! Alguns casais divorciados voltaram a viver juntos após pelo menos um deles assistir minha palestra sobre o assunto ou ler o livro – até traições foram perdoadas. Vale a pena! Vai lá depois, caso já não tenha passado por ele (e, se passou, leia de novo, assista de novo, até aprender o que fazer).

Um dos principais problemas que leva ao divórcio de pessoas que de fato se amam e seus cérebros tentaram de diversas maneiras mostrar que foram feitos um para o outro são as "CERTEZAS". Sobram certezas onde restam "dúvidas". E os filhos são grandes vítimas desse insano despreparo.

Outras adaptações exigidas de todos nós são problemas específicos nos lares que dependem diretamente de quantos e de quem vive na casa. Existem casas onde alguém vive sozinho (e até a relação consigo mesmo às vezes não é boa); um casal sem filhos; ou com filhos durante a infância; jovens; adultos; filhos idosos e que nunca saíram de casa, ou voltaram. São muitas combinações possíveis, todas elas exigindo um olhar maior por parte de cada um nesse "lar".

Quem não quer pertencer à família dos "Incríveis"? (Desenho animado da Disney/Pixar sobre uma família... INCRÍVEL).

Contudo, a melhor família não é a dos Incríveis, mas a dos "possíveis". Preciso dar o meu melhor (possível). Nunca será perfeito. Espero que o outro, se der o possível, será capaz de compreender isso – acreditar, compreender, ressignificar e, por fim, fazer novas escolhas. Aos poucos você, que está com este livro agora, compreenderá melhor quão terapêutico são esses valores do programa. Porém, aqui cabe mais uma palavra:

- Tolerar.

Sempre dentro de limites também possíveis.

Vamos a mais algumas adaptações necessárias?

- Mais novidades para um membro:

- Um novo emprego (às vezes misturado com exigências para mudar de cidade...); ou, um desemprego, quer seja por demissão, quer abandono, desistência. Qualquer deles exige novas posições na família.

Acabo de passar por essa situação com a minha enfermeira. Ela foi minha secretária por 19 anos. Pediu demissão por já estar com mais idade, havia perdido o pai há pouco tempo e decidiu apoiar a mãe que mora em outra cidade. Quanta mudança.

Para mim, encontrar alguém que a substituísse à altura. Até minhas pacientes gostavam muito dela. Ok! Vou começar a construir outra relação no consultório. Mas, para ela, uma mudança expressiva na vida. Deixar um emprego, uma rotina de tantos anos e morar com uma mãe idosa, voltar para a cidade de origem, nova casa, velhos amigos, novos conhecidos, outras necessidades...

Há alguns dias ela me enviou uma mensagem agradecendo mais uma vez por tantos anos juntos, um tempo de respeito e crescimento (para ambos), e também havia na mensagem um agradecimento especial. Tantos anos vivendo e aprendendo todos os conceitos do

Programa SUPERCONSCIÊNCIA/FAMÍLIA DO FUTURO, contou que isso a estava ajudando muito na nova adaptação e, principalmente, na compreensão do "reconhecer a mãe possível".

Eterna Gratidão Iza, querida! Dezenove inesquecíveis anos.

Outras grandes realidades:

- Novos estudos, um curso, outra escola, faculdade...

Quero tratar em separado outra "novidade", as doenças. Quais cuidados surgem como necessários nesses casos? Quem cuidará do doente? Quem cuidará de tudo o que aquele que passou a cuidar do doente precisou "abandonar"?

TUDO exige adaptação. E também muito amor.

Há uma história linda, um curta-metragem na língua de Espanha, chamado "*Cuerdas*" (cordas) – escreva "cuerdas" em português no Google, encontre, assista e se emocione. Não contarei a história aqui para que você se delicie no vídeo, tocarei apenas em alguns pontos.

Trata da experiência vivida por duas crianças em uma escola, Nicolas e Maria. Nicolas em uma cadeira de rodas, provavelmente portador de paralisia cerebral "quase" total. Não se comunica e, portanto, não consegue se relacionar e brincar com ninguém. Está sempre afastado no recreio da escola, até que Maria olha para ele.

"Olhar para o outro" é umas das maiores capacidades humanas, aprender olhar para... Além disso, mais uma grande aptidão é "procurar conhecer e usar desse amor, isto é, pôr em prática e não desistir de agir quando sente esse poder no coração".

Não é por nada que a pequena animação leva o nome de "cordas". Nele a gente pode aprender um pouco mais do que elas são capazes.

Ela ata os braços do menino a algumas cordas para poder brincar com ele, movimentá-lo e assim se divertirem, mesmo que ele não consiga sequer esboçar reação. Ela "sabe", crianças sabem, o amor sabe que ele está feliz.

Cordas aprisionam, maltratam, chicoteiam..., mas, também unem, salvam, sustentam. Na verdade, são apenas cordas. O valor está no que "eu e você" nos tornamos capazes de fazer com elas.

O tema trata do início da nossa relação com o desconhecido, aquele diverso dos outros, do habitual, às vezes assustador. Não por maldade, mas porque não sabemos o que fazer, como agir com "o diferente". Ali, apenas duas crianças e um "mundão correndo lá fora".

O que estamos fazendo com as pessoas que são importantes para nós? Geralmente nem tão diferentes. Olhamos para elas? Para as limitações de cada um? O que fazemos com... nossas cordas?

Sim! Pensamos, muito, contudo, às vezes permanecemos "presos" ao que pensamos. Somos plenamente capazes de desatar os nós, renunciar às nossas certezas para, a partir de então, ganhar todo o universo. Todos nós merecemos "ganhar o universo".

"Maria, en el curta, es una chica rara y preciosa". E nós?

- Você precisa decidir o que fará com os tantos Nicolas que passam todos os dias por sua vida. O que fará com você mesmo, por você mesmo, por nós?

É urgente aprender a olhar, valorizar o que vemos e ainda mais enxergar também por outros ângulos, às vezes lados opostos. Importa aprender a "segurar e dirigir as cordas".

Há uma passagem bíblica do novo testamento na qual Jesus estava em uma casa, cercado por muitas pessoas, e alguém doente em uma maca precisava ser colocado "à presença de Dele". Abriram um buraco pelo teto da casa e baixaram a maca com a ajuda de "cordas". Aconteceu a cura, o milagre e a história. "Tua fé te salvou", disse Jesus. Uma história linda. No entanto, a questão:

- Quem abriu o buraco no teto e ajudou a descer aquele que tanto precisava da presença do Senhor? Quem?

Essa pergunta foi feita por um pastor em uma igreja para chamar a atenção dos fiéis de que nós "olhamos sempre (e somente) para a cena principal" e muitas vezes nem enxergamos "as cordas", muito menos aqueles que seguram as cordas.

Quem segurou as cordas que permitiram "um homem descer à presença de Jesus"? A Bíblia não fala. Deve ter sido mais de um para tal tarefa. Nós nem pensamos neles.

Porém, a história não se completaria, não existiria se não fossem por esses "figurantes essenciais". Então eu pergunto, hoje. Quem segura as cordas para você? Você olha para eles?

Maria segurou para Nicolas.

Vou insistir em um ponto fundamental. Cordas existem para amarrara, atar, prender e até para matar. Por outro lado, também para unir, ajudar, proteger, elevar, baixar, corrigir, suportar e..., brincar. O que fazemos com as nossas cordas? E, principalmente, como olhamos para quem as usa por nós? Aliás, chegamos a "pensar" em olhar? Eles sempre estão lá. Da maneira deles, com os defeitos e qualidades deles, mas sempre estão lá.

Precisamos "enxergar" todos os lados e valorizar aqueles que vivem também para permitir nossas histórias.

Quantos pais, avós, amigos... Até que ponto reconhecemos e somos gratos a eles? Eles não são perfeitos, ninguém é. Inclusive você.

E, não se pode deixar de reconhecer, para quem VOCÊ segura e usa cordas, muitas que nunca se rompem, apesar de pouco reconhecidas. Todos somos ligados por forças que nem imaginamos. Está na hora de "imaginar".

Agora que já falamos sobre as cordas, aquelas que nos dirigem e sustentam, e você parou para pensar um pouco mais, vamos caminhar para encerrar este capítulo com um tópico dolorido e que exige grandes ajustes. A perda da capacidade de sustento de um indivíduo ou de uma família.

Falência, morte ou partida do provedor, roubo...

Qualquer que seja a origem visível da falta de dinheiro ela é a maior causa de angústia, desespero, divórcio, crimes e suicídio.

Agora eu pergunto a você, após termos tratado desse tema:
- Dinheiro é de fato a causa?
- Pense!
- Ou a nossa imaturidade é a verdadeira origem de muitos problemas, das dificuldades e desconhecimento do que fazer, como agir e, principalmente, o que sentir?

Desculpe! Mudei de ideia.

De tão importante, preciso repetir:
- TUDO NA VIDA...

> **SÓ SERÁ AMEAÇA NA MEDIDA DO MEU DESPREPARO**

E ainda, nunca se esqueça:

> **VOCÊ É QUEM DECIDE O QUE FAZER**

Capítulo IV

Violências "Sutis"

A maioria dos nossos problemas tem origem em dificuldades de relacionamentos. Muitas vezes é um desafio olhar para o outro e até para nós mesmos. Compreender diferentes verdades, crenças e comportamentos, como foram construídas e porque pensamos e agimos "assim ou assado". Dentro de qualquer contexto – e são muitos – precisamos estar humildemente atentos e "preparados".

A imaturidade trás intolerância e arrogância, junto com elas a decepção, inveja, ciúme, produzindo relações tóxicas, traições..., jogos de poder e muito sofrimento. Quem vence?

- Ninguém vence nesse "estado de coisas".

A cura chega com a maturidade. E, lembre-se, maturidade não é uma maior idade, mas um "maior" cérebro, mais bem desenvolvido.

Jogos de poder são tentativas de se sentir maior (porque está menor). Não poucas vezes, e de maneira covarde, diminuindo o outro. Não há quem não tenha vivido uma situação dessas e quando em um nível grande suficiente para propositadamente gerar dor passou a ser chamado de *bullying*.

Violência física ou emocional intencional. Uma afirmação de poder – que comprova a falta de poder. Insegurança, angústia, medo... Agora vai: tanto no agredido quanto no agressor. Violências conscientes por faltas inconscientes. - "Vou te machucar (porque estou sofrendo)".

O *bullying* geralmente é reconhecido fora de casa. Nas ruas e muito comum nas escolas onde um aluno "grandão" ameaça um mais fraco, ou um grupo "grandão" ameaça a todos, mas "escolhem alguém" para sofrer.

Comum nas escolas exatamente pela pouca maturidade presente na maioria dos jovens (até alguns professores e diretores).

O "trote" nas universidades, para mim, nada mais é do que *bullying* institucionalizado, autorizado por ignorantes fracos de moral e futuro. Deveria ser proscrito. Apenas como curiosidade, surgiu benignamente na Idade Média quando jovens vindos de diversas partes do país precisavam (mesmo) tomar banho (um hábito raro) e raspar a cabeça antes de serem admitidos, apenas para combater piolhos e tantas outras pragas e doenças de pele. Uma recepção de "limpeza" literal. Tornou-se um marco de entrada em um "universo" muito diferente do que conheciam, o que era muito bom e até desejado, um novo ritual de passagem sonhado pela maioria. Infelizmente, transformou-se em um momento de sadismo por parte de pessoas mentalmente desestruturadas, o que é tolerado até hoje.

Com 50 anos de idade decidi cursar direito, apenas para receber um pouco daquele conhecimento. Passei no vestibular, primeira turma da manhã. E fui. Estava na sala de aula, o professor com metade da minha idade, quando vimos pela janela da sala um grupo de "grandões" ameaçando e anunciando o trote.

Percebi imediatamente a carinha de pavor dos meus "coleguinhas", todos entre 17 e 18 anos de idade, e prontamente me levantei e disse "Vamos lá, vai ser legal a festa", e baixinho complementei "Não vou deixar que nada aconteça a vocês". Eu mesmo abri a porta da sala e também "percebi" a carinha assustada dos grandões ao me verem. Abri meus braços e disse que estávamos todos gratos pela recepção. Para onde vamos, perguntei. A turma saiu toda atrás de mim e com um ar um tanto frustrado os candidatos a "troteiros" nos levaram para um bar ao lado da universidade. Quando chegamos ainda disse aos maiores "Vão pagar a conta para todos, verdade"? Acabou a festa. Ficamos lá por um tempo e retornamos todos para a sala. Meus amiguinhos felizes por terem sido bem recebidos. Não me refiro à bem-vinda festa de lama e tinta que muitos vão por diversão e vontade, com a participação de pais, mães e até avós sorridentes, mas a imposição de força não desejada.

É preciso impor limites claros por parte de "maiores". Inaceitável magoar ou ferir alguém, mas acredite, agredidos e agressores precisam de ajuda, amparo para crescerem física e emocionalmente – todos.

Muito importante um olhar também para dentro das casas, onde muitas vezes está a origem do comportamento agressivo. O *bullying*, de fato, pode (e deve) ter seu berço nas relações familiares e ser apenas reflexo de algo aprendido (sofrido) lá mesmo.

Uma criança que cresce com excesso de críticas, ironias, carimbos..., "você é feio; burro; um incapaz; desastrado; desajeitado; incompetente..., vou te amar 'se' ...". Desse modo, constrói uma mentalidade com a certeza de que para ser amado precisa..., também agredir. Aprende a linguagem dos pais ou de irmãos, geralmente os mais velhos.

Outra situação comum é o desentendimento entre os pais. Muitas crianças sentem-se de algum modo culpadas pelo problema e não entendem as discussões e os diferentes modos de violência do casal. Aprendem com a instabilidade, as faltas..., e o divórcio daqueles que elas mais amam é a diplomação de um período de muita dor. Desperdício, perda de vida.

O que acontece com quem cresce na dor?

- Baixa autoestima. Longos dias e noites de sofrimento pela frente.

O excesso de cuidados também se torna uma arma.

Cada vez que falamos cuidado para um filho enviamos duas mensagens claras:

- Ao redor dele, o que está ali pode ser perigoso, ruim...
- Dentro dele, não é ou será capaz de enfrentar "desafios".

Resumindo, "Você é um incompetente".

Antes de discordar e criticar o que levanto aqui, pense. Claro que precisamos cuidar das incapacidades e incompetências "naturais" das nossas crianças e dos muitos perigos que existem em todo cômodo da casa e fora dela. Refiro-me aqui à força, à maneira e ao excesso de "CUIDADO", além de, muitas vezes, falta de explicação e contextualização.

Duas histórias minhas:

- Quando a gente tem filhos pequenos passamos a conhecer em nós um medo enorme de que eles se machuquem..., e não poucas vezes falamos "cuidado" em vários tons, modos e volumes. Eu não percebi os meus excessos nesse assunto até que um dia meu filho, com talvez 4 anos de idade, virou-se muito bravo para mim e disse num grito só:

- "NÃO DIGA MAIS CUIDADO PRA MIM"!

Putz! Foi como um tiro nos meus olhos e coração. Ali percebi o que estava fazendo. Enxerguei o meu erro.

É preciso cair, machucar, quebrar um vaso, fechar uma porta nos dedos... Ui! É importante se permitir errar e viver a dor e as consequências do erro, ser digno dos próprios erros. Claro que tudo tem limites. Mas..., acho que aprendi mais uma coisa com meu filho "de 4 anos de idade":

- É fundamental aprender a aprender.
- E o erro é um grande professor.

O que não podemos fazer é "quebrar o outro" mais do que o próprio "perigo" iria fazer. E algumas vezes o fazemos sem perceber que estamos e o quanto estamos maltratando alguém, incutindo uma falsa imagem de incapacidade ou incompetência.

Minha irmã mais nova desde bem pequena era muito "desastrada". Distraída, estava sempre derrubando alguma coisa (ou alguém). Divertia-se correndo pela casa e não olhava muito por onde ia. Ganhou o apelido de "rolo compressor", esmagava tudo por onde passava.

Certa vez, em uma festa em casa, correndo pela sala, bateu e derrubou um senhor já com bastante idade. Um parente distante. Levou uma bronca e, claro, todos nós achamos justa a bronca e o posterior castigo.

O que passou na cabecinha dela? Erro, culpa, castigo? Era chamada de rolo-compressor, quase diariamente. *Bullying* da família, pessoas importantes para ela a maltratavam...?

Eu a vejo hoje, adulta, linda, e... algo desastrada, esquecida, às vezes atrapalhada. Acho que não derruba mais ninguém..., mas, o carimbo ficou. Ninguém pergunta o quanto sofreu e ainda sofre com isso? Será que as "distrações" atuais não fazem parte de uma realidade imposta e duramente assumida por ela? Acreditou no carimbo e aceitou a tarefa de cumprir um destino traçado pela família? Não sei. Mas é para pensarmos no assunto. E pedirmos desculpas a ela e a Deus.

Outro aspecto importante nessa situação é que... Será que ela poderia ser portadora de alguma disfunção motora, pequena, mas suficiente para esse comportamento? Negligência dos pais e de todos nós por não procurarmos melhor avaliação? Negligência por desconhecimento, ninguém pensou em uma possibilidade física. Claro que uma disfunção maior não escaparia de um olhar familiar e médico.

Digo isso porque existem causas biológicas para alguns comportamentos e que deixamos escapar apenas por não pensarmos nelas. É importante estarmos todos atentos, pensar nelas.

Fato é que minha irmã sofreu e não olhamos melhor para a questão.

Citei essas duas histórias da minha vida, meu filho e minha irmã, porque não me considero um homem mau, mas fiz *bullying*. Mesmo sem saber, maltratamos as pessoas que amamos. Quem dirá conhecidos e até desconhecidos. Rimos, fazemos piadinhas (sem graça para eles...), relacionamentos ruins e comportamentos péssimos nossos.

Precisamos estar mais atentos nas ruas e em nossas próprias casas. Devemos demonstrar mais do nosso amor..., e refletir.

O tratamento do *bullying* é muito mais amplo e possível do que imaginamos e começa dentro das nossas próprias histórias. Isso é SUPERCONSCIÊNCIA/FAMÍLIA DO FUTURO.

Bullying nas famílias, nas escolas, nas ruas..., estou preparado para ser pai? Irmão? Amigo...? Estou preparado para entender melhor o mundo?

- Você é o piloto, lembre-se, assuma o comando.

Avalie seu entorno.

Você nunca estará só.

E com a "sua forte maturidade" ninguém estará só.

Minha irmã não era e não é desastrada ou distraída.

Meu filho não era incapaz e hoje é um grande sucesso. Esposa, uma filha linda (minha neta) e um trabalho que o apresenta e desafia cada vez mais para a vida.

Descuidado com eles fui eu.

Capítulo **V**

LISTAS DE AÇÕES I

O que exige mais a nossa atenção e precisa ser enfrentado?

- Podemos chamar esse tópico de "tratamento objetivo em nós", porque é a observação ativa, consciente, direta e intencional de múltiplos sistemas e cuidados. Anteriores, isto é, preventivos, antes de acontecerem problemas, ou posteriores, quando haverá a necessidade de ações curativas e paliativas para cada um deles. Resumindo, vigiar, orar, cuidar.

Impossível esgotá-los "em um livro", porém, podemos também e de maneira muito mais abrangente olhar de modo subjetivo e individualizado para cada modelo que será aqui descrito, assumindo nosso poder, sempre presente em nós, nossas capacidades e competências físicas, emocionais e, por que não, espirituais? Resumindo, atenção e ação.

- Sim! Para cada tema levantado precisamos olhar por meio das lentes dos nossos valores que sustentam muito, muito poder.

Valores são as bases do equilíbrio e da felicidade. Mas como conquistar de fato poder suficiente para agir sobre tantos problemas que teremos que enfrentar em nossas vidas?

- Na busca permanente da boa reflexão, um pensamento direcionado na construção da maturidade. Conquistaremos a paz que tanto desejamos apenas com muito estudo, treino e disciplina.

Maturidade difere muito de senilidade. Nem sempre são concordantes. Existem jovens maduros e idosos problemáticos. É verdade, a senilidade será o destino de todos nós e o caminho ao longo dos anos é a nossa escola. Mas, essa não garante sabedoria por si só.

O objetivo do universo é a maturidade, individual e sistêmica, isto é, desenvolvimento de cada um de nós e de toda a humanidade. A paulatina construção biológica e funcional do nosso cérebro ao longo de milhares de anos é prova de que o universo desenhou e mantém em evolução algo muito especial para nós e espera uma resposta da nossa parte. Ela fornece as armas (neurais), nós um bom uso (da mente).

Desde áreas neurais mais primitivas formadas para nossa sobrevivência objetiva; passando pela construção de centros próprios para o fluir das emoções, potencialização subjetiva para a autoproteção; chegando nos pensamentos básicos que correm por todo o cérebro, como causa e consequência desenfreada das nossas reações primárias; até o início e a formação do lobo frontal tendo como forte e clara a característica de tomar as rédeas e assumir o controle do todo, por meio da capacidade de planejamento estratégico e visão de futuro. Pensamento avançado.

SUPERCONSCIÊNCIA acontece quando criamos a consciência dessa capacidade, desse modelo neuro funcional, e assumirmos o poder sobre nós mesmos com pensamentos muito mais adequados. Posição única entre todos os animais, exclusiva competência da razão maior na prevenção e na resolução de problemas, garantias da sobrevivência.

Então, vamos para uma lista de situações com breves comentários sobre cada aspecto que será levantado, desafios que nosso cérebro terá que enfrentar em algum momento da história.

Coloquei os assuntos sem respeitar nenhuma ordem pré-determinada. Vamos apenas "passar por eles". Pensar um pouco sobre eles (antes que nos cheguem de surpresa).

Sexualidade, homossexualidade, pedofilia... e outros pontos nessa área sensível e tão cara para todos nós. É urgente aprendermos a lidar com esses assuntos. Desenvolvi um livro/palestra específico para tratar desse tema com você, SEXO, FAMÍLIA E SOCIEDADE, no entanto, devemos desde sempre manter nossos corações bem abertos para as diferentes experiências de enfrentamento, bastante traumáticas quando negligenciadas. Pais e filhos, famílias inteiras encontram equilíbrio quando procuram conhecer melhor cada passo dessa história e os diálogos necessários fluem quando da compreensão dessa função tão natural em cada um de nós, às vezes incompreendida, por vezes sofrida.

Drogas lícitas e ilícitas, um dos tópicos que mais traz sofrimento para todos, pela frequência e intensidade com que atinge as famílias, direta e indiretamente. Cada adicto (lícito ou ilícito), dependendo da força que o problema assume, arrasta com ele em média pelo menos cinco pessoas próximas, para um sofrimento absurdo. Família e amigos querem e lutam para ajudar, geralmente sem saber como e muitas vezes com resultados não tão satisfatórios. Quando se detecta o problema começam as falas, conselhos, muitas "brincadeiras" (que não são) ..., brigas (muitas), até ações em desespero. Ninguém merece.

É possível evitar tudo isso?

- Certa vez ouvi uma frase com muito significado, vinda de um jovem livre das drogas há mais de vinte anos, e ele disse:

- "Minutos de prazer e satisfação trocados por anos de absoluta vergonha, dor e sofrimento". Eu completei em pensamento:

- "Para si mesmo e para toda a família".

> **MINUTOS DE PRAZER E SATISFAÇÃO TROCADOS POR ANOS DE ABSOLUTA VERGONHA, DOR E SOFRIMENTO**

Gosto de dizer que se dermos condições para um jovem gerar e nutrir um sonho e o auxiliarmos no caminho dificilmente vamos encontrá-lo largado e usando drogas em uma praça da cidade. O veremos sim correndo atrás do que imaginou e desejou realizar. Parece um pensamento simplista da minha parte, mas está bem desenvolvido no meu livro SONHOS, DESAFIOS E EXPECTATIVAS. "Drogas, uma tentativa de fechar buracos no peito, espaços vazios que não precisariam existir. Como não se fecham, segue-se na ilusão do alívio, em uma corrida cada vez maior até o desespero". Precisamos aprender a "fechar buracos" com as ferramentas corretas, aliás, aprender a não abrir. E isso se faz com atenção amorosa e intencional por si mesmo, pelo outro e pela vida.

A maioria dos problemas graves que vivemos tem origem na busca do prazer. O prazer foi criado pela natureza, em nós e tantos outros animais, para a sobrevivência. Procurar e encontrar o que precisamos é absolutamente necessário. Comida, abrigo, calor, sexo..., dão suporte a emoções primitivas que se precisam ser preenchidas é porque faltam. Temos hoje muitas faltas que não foram atendidas por motivos nada naturais. Abandonos por ausências ou desvios do amor de um pai e até de uma mãe são mais frequentes do que imaginamos. Ausências até com presenças. Isto é, estou com você em corpo, mas não em afeto. Aqui não importam os motivos, mas são situações que geram dor e enormes carências no peito de uma criança. Buracos no coração "de alguém" que nasce nas dificuldades, erros e faltas relacionais, desde o berço.

Você pode argumentar que isso é apenas uma tese e que...

Verdade, tudo em ciência são apenas opiniões, formadas por observações que não têm fim. A verdade evolui a cada novo *insight*.

Porém, trazer a questão relacional na construção neural evolutiva, na formação do pensamento e da mentalidade que carregamos por toda a vida, aponta para um caminho de solução coerente com o universo. Será uma solução viável a busca incessante por nossa maturidade, forjada em relacionamentos? Nós maiores é intenção de Deus?

- O lobo frontal não foi construído para nada. Surgiu ao longo de milhares de anos algo ali em nossa cabeça para permitir melhor direção. É preciso aprender a usá-lo, aprender a dirigir (a si mesmo).

Por isso minha proposta no aprendizado e treinamento dos nossos relacionamentos, olhando muito para o que acontece em nosso cérebro novo (razão – direção), e uma atenção maior ao amor neural mais antigo (emoção – motor). Lembre-se sempre dos valores do Programa: acreditar, compreender, ressignificar e fazer novas escolhas.

Seguindo com outros temas também importantes para nosso corpo: - Nutrição, desnutrição, atividades, sedentarismo...

Somos caçadores-coletores (ainda), porém, agora sofisticados (um pouco mais). Caçamos e coletamos em supermercados, restaurantes..., confeitarias, padarias, "porcarias" ...

A obesidade é uma desnutrição e não um excesso de nutrição (o prefixo "des" significa perturbação). Portanto, é uma perturbação da nutrição na carência de verdadeiros e bons nutrientes, no excesso de calorias vazias e em um comportamento corporal e mental pobre e sedentário contra uma atitude mais ativa (diária). Obesidade é uma escolha (ruim).

Há uma ilusão em nossa sociedade de que os "normais" estão seguros. Contudo, muitos magros sofrem infartos e tantas outras doenças degenerativas. Sinal claro de que a resposta não está apenas no excesso de peso. A "comida está doente" e nós enquanto a escolhemos.

Obesidade é apenas um detalhe de acordo com a predisposição genética, o metabolismo e a história de vida de cada um. Existem muitos obesos mais saudáveis do que os não obesos. Esse é outro tema fundamental para se aprender e praticar e o trato de modo bastante completo no livro/palestra ALIMENTOS, VIDA E SAÚDE.

Vamos adiante!

Negligências, abandonos, depressão e ansiedade. Para essas duas últimas uso aqui as definições médicas habituais, diferentes de como abordarei neste livro. Você logo será apresentado melhor para elas.

O autoflagelo e o suicídio aumentam cada vez mais em nossa sociedade, principalmente entre os jovens. Eu não vou desistir de ninguém. Meus esforços precisam somar aos seus, aos de todos nós.

A pergunta que cabe agora é:

- Estamos apoiando nossos filhos e as muitas pessoas que amamos? Ou nem notamos ainda a importância disso? Estamos olhando para o mundo? Estamos vigiando e ajudando a nós mesmos? Lembre-se! Se você não estiver bem, vai ajudar quem?

- Se você está lendo este livro, passando por todo o Programa SUPERCONSCIÊNCIA/FAMÍLIA DO FUTURO, está sim apoiando a si mesmo, refletindo, buscando e encontrando respostas, praticando o futuro no presente possível.

Lembre-se, PREVENÇÃO mora na base, antes da origem dos problemas, esses que podem e devem ser pensados e evitados HOJE.

O que exige mais atenção e precisa ser enfrentado? Em nós e em nossos filhos, principalmente nas fases iniciais da vida em família e na pós-puberdade, isto é, por toda a fase adulta até a senescência?

- Amizades, boas e ruins; comportamentos de riscos; a internet e os excessos de liberdade; deficiências de aprendizado; crimes, dentro e fora de casa – o conhecimento das leis precisam ser seguidos e passados para nossos filhos; um olhar gigante para os castigos, para não se tornarem tortura – *bullying*; precisamos diagnosticar juntos os avanços da exploração comercial – os exageros e a exploração sexual nos comerciais; as diversas faces da violência doméstica – que muitos se fixam na imagem de um homem contra uma mulher, mas pode ser de uma mulher contra um homem, ou ambos. E não apenas física, mas muitas vezes emocional. Também a violência contra os filhos, em um exagero de limites impostos, ou negligências para com um filho especial, "cheio de limites próprios da deficiência" e, por fim, um assunto menos falado, a violência de todos da casa para com os idosos.

Em todos os casos – casais, filhos ou idosos – há uma violência, silenciosa e muito importante: - O abandono.

Conta para mim o que alguns têm até medo de olhar?

- É hora de criar coragem para OLHAR, avaliar e pedir ajuda.

Quando delatamos o mal estamos pedindo ajuda e ajudando. Essa ajuda deve ser para todos os envolvidos no problema. Ajuda até para o agressor que precisa e merece ser tratado da sua própria história. Esse tema está bem desenvolvido em AMOR, CÉREBROS E ESCOLHAS.

Por tudo o que tratamos neste capítulo, faça uma escolha.

E faça logo.

De preferência, antes de que o pior aconteça.

Você é capaz de evitar muita, muita coisa.

Você possui muito mais poder do que imagina.

Então..., imagine..., e aja!

Capítulo **VI**

LISTAS DE AÇÕES II

Para sairmos um pouco da dor e do enfrentamento necessário, nos momentos em que surgem problemas, vamos falar o que fazer para evitar com que eles aconteçam ou se ocorrerem que sejam muito menores.

O que precisamos buscar, encontrar e exercitar sempre?

- Contato físico. Toda criança, jovem, adulto, idoso..., todos precisam de um abraço, um colo, o calor, a comunicação física de uma atenção sincera. Nunca perca a oportunidade de "tocar" o outro com a intenção do amor. Sentir-se aceito, pertencente, por meio de uma linguagem corporal e de contato é preventivo e curativo para muitas questões.

- Elogios e afirmação. Quem não gosta de ser elogiado, ver afirmada uma atitude, uma escolha que fez. Nem de perto me refiro ao paparico e mentiras, nem mesmo a alguns exagerados comentários sobre acertos. Nesse ponto não se engana ninguém, nosso cérebro percebe a verdade e a intenção no coração de quem faz o elogio. A mentira sempre usa diferentes caminhos neurais para externar um pensamento. Isso é detectado por quem tem um sistema nervoso intacto – viva as amígdalas cerebrais que nos protegem de terceiros mal-intencionados. Amígdalas pequenas ou lesionadas fazem com que seus "donos" possam ser usados sem perceber. Eles precisam da proteção de verdadeiros amigos.

Longe desse mal, o elogio verdadeiro levanta uma pessoa do chão, ajuda muito a autoestima daqueles que sonham benignamente ganhar bastante altura. Com bons elogios, e nas horas certas, voamos mesmo sem asas. Ninguém precisa de asas quando vive relacionamentos fortes.

- Senso e coerência. Fala-se muito do bom-senso, mas poucos olham para o próprio ou questionam a verdade, nem mesmo a quem ela pertence. E muitas vezes ela não pertence a ninguém.

Certa vez a síndica do prédio onde eu morava trocou o tapete na entrada do condomínio. Uma coisa simples e ninguém brigaria por causa disso. Porém, era uma combinação de cores estranha, gritante, em formato irregular e eu não consegui encontrar nenhum sentido naquela escolha. O tapete que estava anteriormente era neutro, regular e encaixava-se perfeitamente, compondo harmonia à frente da porta onde estava. Enquanto eu olhava para "aquilo" eis que sai do elevador..., a síndica. Olhou para mim, provavelmente minha cara era de espanto, e imediatamente e se saiu com esta, mesmo sem eu falar nada:

- "Questão de estética e bom senso Jacyr"!

Pois é!

Quem estava certo?

Quem tinha o "bom senso"?

Eu? Ela? Ninguém...? Todos?

- Na verdade trago este pequeno enredo aqui porque sempre achamos que estamos certos (todos acham). Será que ela teria uma explicação aceitável para aquilo e eu estava enganado, "fora de moda"?

- Claro que ela devia ter os motivos dela e, de fato, muita coisa poderia justificar:

- "O tapete vale milhões, um morador doou para o prédio e ela não conseguiu recusar". Inventei isso aqui e agora para você ver que "bem explicado" pode até surgir algo que você diz "Eeeeerrrrrrrrr... Ok!"

Enfim, não perguntei.

Contudo, muitos fazem perguntas. Acontece quando pedimos para um advogado peticionar (pedir) uma questão não resolvida a um juiz, com a finalidade de descobrir quem é o dono do..., bom-senso. Às vezes, para a nossa surpresa, o bom-senso está com o outro.

Certa vez eu me vi muito prejudicado em uma situação, não consegui resolver por bem e procurei um advogado. Ele concordou com a minha demanda, o meu bom-senso, e entramos com uma ação. No entanto, no dia da audiência ao ouvir melhor a explicação da outra parte perante o juiz, mesmo também o juiz concordando comigo, consegui compreender a outra verdade, a lógica do outro.

Pedi a palavra e propus uma solução intermediária. Um acordo.

Juiz e advogado olharam para nós de modo um tanto estranho, acusador e acusado, mas..., se as partes concordassem eles não se oporiam à minha proposta.

Disse-me o advogado, após a audiência, que nuca viu alguém ceder assim em uma causa que já estava praticamente ganha. Respondi a ele que, se todos nós olhássemos também para "o outro", a verdade do outro, seríamos capazes de aprender muito. Todos carregam parte do bom-senso e com atenção às vezes podemos até descobrir erros nossos.

Afinal, o que importa, ganhar a causa ou fazer a justiça (possível)?

- Como você se sentiria ao vencer (o outro) só por que tem o melhor advogado, bons argumentos, mas não a verdade?

- Isso o tornará alguém melhor?

O mesmo acontece com um atleta que vence (o outro) com *doping*. Para mim é prova de fracasso, mesmo que ninguém descubra. É a consciência de que fraudou para vencer. Não quero ensinar meu filho a vencer, mas ser feliz. E também quero aprender, cada vez mais.

Em outra oportunidade, eu e meu pai fomos acionados por uma antiga funcionária. Trabalhou muitos anos para o meu pai e depois que me formei médico também me auxiliava no consultório. Recebia muito bem, meu pai já a havia amparado muito durante a vida, até uma casa ele a ajudou a comprar.

No entanto, após ela se aposentar, viu-se agoniada em meio a dívidas e um advogado – desses de porta de cadeia – sentiu a oportunidade de ganhar em cima da situação.

Lembro o dia que recebemos um aviso judicial e a causa seria de..., "milhões". Meu pai ficou muito triste e naquele momento tentei mostrar a ele que o absurdo era tanto que nem deveríamos nos preocupar. Foi quando ele me lembrou os anos de dedicação a ela e por isso a decepção era muito grande. Então eu completei:

- "Vamos tentar entender o lado dela".

No dia da audiência o advogado acusador reduziu os "milhões" para aproximadamente trinta mil. Não sei qual seria o valor hoje, mas se atenha à proporção.

Estávamos na sala eu, meu pai e nosso advogado quando ouvi do juiz que havia uma dívida real de cinco mil, um erro do nosso contador. Pedi um tempo para conversar "com os meus" e fiz uma proposta para o meu pai:

- "Devíamos para ela cinco mil. Algo que não sabíamos e, claro, vamos pagar. Porém, tenho uma ideia diferente...". O advogado por nossa parte reagiu negativamente ao que propus, meu pai também não aceitou logo, ainda estava magoado, mas pouco depois me autorizou.

Voltamos para a sala da audiência e pedi a palavra.

- "Sr. Juiz (não sei falar meritíssimo)! A petição, a inicial, tratava de milhões. Chegamos aqui e baixou para trinta mil, o que mostra um erro grave por parte do outro advogado. Tudo bem, é a história de como algumas pessoas agem para que nós pensássemos 'ufa, vamos pagar logo esses trinta e sair daqui satisfeitos (e enganados)'. Descobrimos agora um erro nosso, especificamente do nosso contador, afinal, entendemos de medicina e não de contabilidade. Porém, é nosso erro, e devemos para ela um pouco mais de cinco mil. Conversei com meu pai e ele aceitou. Explico":

- "A parte no processo é uma senhora idosa que nos serviu muito bem por muitos anos. Agora está aposentada e passa por dificuldades, que com a idade se tornarão ainda piores. Mora apenas com a mãe já de bastante idade. Por problemas delas, endividou-se ainda mais. Eu e meu pai devemos muito a ela em outro plano do pensamento, não no plano humano. Fiz uma proposta para o meu pai e ele aceitou. Daremos dois mil reais para ela, eu mil, meu pai o outro mil, por mês durante um ano, doze meses. Ela receberá de nós um total de vinte e quatro mil para que possa ser ajudada. Peço apenas para que, se a lei assim permitir, o advogado dela receba só uma pequena parte por esse "trabalho (sujo)" que ele se sujeitou a realizar".

Bem! O nosso advogado também não gostou nada, apesar de que recebeu aquilo que tinha de direito sobre o "litígio".

Advogados e juiz disseram nunca terem visto algo igual.

Poucos meses depois ela apareceu no consultório para pedir desculpas. Dissemos que estava tudo certo, compreendido, e ainda demos a ela uma surra de abraços. Foi embora feliz e nós também nos sentimos muito bem naquele dia. Amor faz bem para a saúde. Ocitocina, dopamina...

Anos mais tarde, a mãe dela nos telefona para contar que a filha havia morrido de câncer. Bem idosa, queria nos encontrar para conversar. Fomos até ela. Queria nos devolver o apartamento que meu pai havia ajudado a comprar. Estava sozinha e não tinha ninguém para deixar como herança. Claro que não aceitamos e saímos todos de lá com a certeza de que Deus encontraria alguém para usufruir do amor que essas duas grandes mulheres já haviam deixado como marcas naquelas paredes.

Por que conto essas duas histórias de "litígios"?

Primeiro para mostrar que todos temos parte da verdade e do bom-senso e precisamos sempre saber disso; segundo porque litígio só existe se você ficar "preso" à sua própria verdade, ao seu então fraco bom-senso; terceiro porque se "amássemos o próximo como a nós mesmos" advogados e juízes assistiriam esses episódios e escolhas não apenas como formas raras na conduta humana; quarto, porque fazer a coisa certa sempre faz com que o universo devolva de modo inesperado, de uma maneira que nunca imaginamos. Nós nunca sabemos, Ele sabe.

Para resumir de maneira delicada:

- "Pensa também no outro Po%$#@&*#"!

Mesmo sem litígio judicial, muitas vezes precisamos do "bom-senso" do outro, do "diferente de nós", daquele que nos apresenta outra visão do mundo. Assim chego à questão principal:

- É preciso brigar?
- Por um tapete..., uma..., ou qualquer outra discordância?
- A imaturidade diz que sim. É preciso encher de pancada!
- A maturidade afirma que não, que é possível buscar e encontrar novos caminhos, outras escolhas.

Qual das duas respostas está correta?

- Será que eu poderia me acostumar com as cores gritantes de um estranho tapete na entrada do prédio ou é por isso que às vezes ouvimos (ou dizemos) que se chega a um ponto que é preciso "partir para a ignorância"?

- Será que eu deveria pagar apenas cinco mil reais a uma antiga funcionária e ir embora sem olhar para trás?

- Já que falamos em bom-senso, que tal um sobre valores.

Valores são base para praticamente tudo. Mesmo para pessoas em diferentes grupos, quer sejam políticos, quer religiosos, tantos times em diferentes esportes, tantas escolas. Onde vigoram valores, muito se acerta.

Respeito a outras ideias, conceitos... TOLERÂNCIA. Quando problemas surgem aqui são facilmente solucionados. Coisa de gente madura!

Ok! Você pode me chamar de louco. Mas, se usar do seu bom senso, que eu tenho certeza de que você tem..., tudo ficará mais fácil.

Ei! Qual bom-senso?

- Algum dia, em um futuro próximo, espero que tenhamos muito mais conciliação e arbitragem do que "longos e intermináveis litígios judiciais".

Esse assunto me leva a falar sobre outra qualidade importante:

- Resiliência.

Conta-se que esse termo tem origem na física, na qualidade de um material que ao sofrer uma força externa cede até a capacidade máxima de resistência e depois, ao cessar essa força, retorna à condição anterior, normal, sem ser quebrado no caminho.

Portanto, pode-se saber que alguns materiais (e pessoas) têm pouca resiliência e quebram quando colocados diante de uma força até pequena. Outros produtos (e pessoas) têm muita resiliência, vergam e não quebram, ou melhor, têm menos chance de quebrar – e mais sorte de "vencer" (uma dificuldade imposta).

Ser resiliente para a psicologia, portanto, é alguém ser capaz de "levar pancada", resistir e depois retornar ao "normal" (e não ficar gritando e quebrando pelo caminho).

Discordo em parte dessa explicação de "voltar ao normal" quando se refere à capacidade dos seres humanos (e mesmo de alguns materiais). Para mim, resiliência é a capacidade de sofrermos uma ação externa, tolerarmos ao máximo "a dor" (de cada um) e quando retornamos à situação anterior "sempre estaremos melhores". Aprendemos com a experiência. Um pedaço de madeira ou ferro não aprende.

Observe que retornar melhor é impossível para o material do qual é feito as molas de um carro, por exemplo. Sofrem uma força externa, são comprimidos ao máximo, e retornam ao normal? Diferente de nós, elas voltam sempre um pouco piores, porque sofrem desgaste, e com o tempo precisarão ser trocadas. Sim! Nós sofremos desgaste físico e mental, porém com uma bela evolução emocional e espiritual.

Portanto, a definição original da física para o comportamento das molas ou de humano não é exata, afinal, nada retorna ao normal. Uns melhores, outros piores. Caso as molas retornassem melhores precisaríamos trocar o carro, pois elas restariam enormes, mais fortes, robustas.

Você sim é capaz de tornar-se maior, mais forte, robusto..., porém, apenas se acreditar em si mesmo.

Esse pensamento é tão importante que vou repetir até você aceitar:

> **VOCÊ ESTARÁ SEMPRE MAIOR, PORÉM, APENAS SE ACREDITAR EM SI MESMO**

ACREDITAR.

Molas não "acreditam", nem se emocionam, nem evoluem ou vão para o céu. Eita!

Agora, com você mais forte, podemos nos aproximar ainda mais da profilaxia – evitar, esquivar, romper ciclos ruins, superar e vencer o medo, "depressão e ansiedade".

Rotinas são passos importantes para todos nós, dentro e fora de casa. Acalmam nossos corações por se tornarem eventos conhecidos, esperados e até desejados. Precisamos deixar muito claro que não devemos ser rígidos com elas. Importa estarmos e permanecermos fortes para reagir bem caso elas NÃO aconteçam quando ou como desejamos ou planejamos.

Conheci um senhor que sempre saía de casa no mesmo horário e fazia o mesmo caminho de carro até o trabalho. Até aí tudo bem. O problema era quando, por qualquer motivo, não deixava a casa no horário por ele mesmo predeterminado ou era obrigado a percorrer outro caminho. Não conseguia, ficava nervoso e criava um caos com quem estivesse ao seu lado ou em seu caminho. Os filhos eram os que mais penavam com essa "mania". Coitado, sofria de uma insegurança crônica e gigantesca. Aprendeu de modo errado, uma mente sofrida e um grande medo de errar. Infelizmente passava também esses conceitos e exigências para os filhos que repetiam o padrão "aprendido" com o pai. Alguém tem que frear essa história familiar. Em si mesmo, não a do pai (dos pais). Cada um arrasta a própria história. Vigiar e orar..., e corrigir o que for possível.

E por falar nisso, rotinas possíveis em nossos dias trazem reconhecimento e segurança aos sistemas mentais. Limites e normas saudáveis estabelecidas, definidas primeiro pelos pais, em casa, apresentadas e colocadas em discussão, adequação e concordância com os filhos e também com outros moradores do mesmo teto, relativas, claro, a cada idade daqueles que vivem no lar. Fora de casa também importam as rotinas – nunca rígidas (a não ser que você trabalhe com um reator nuclear).

Criar rotinas de afetividade e humor – momentos família; instantâneos individuais – rotinas de espiritualidade (e a religiosidade praticada na casa); significados e propósito da família – direção.

Não são poucas as frases ou palavras que propositadamente criamos em momentos especiais. Funcionam como âncoras que em memória nos trazem sempre de volta para essas alegrias. Ou você nunca lacrimejou de saudades e felicidade quando sozinho em uma viagem distante, e com a cabeça encostada em uma janela de um trem, um ônibus, sei lá, lembrou-se de uma dessas frases ou palavras, "coisas" de família?

Um dia em casa em uma situação de brincadeiras e alegria eu disse bem alto: - "FAMÍLIAAAA"! Minha filha tinha três anos. Pouco tempo depois, em um momento de felicidade da pequena, eu e a mãe dela ouvimos encantados ela gritar: - "FAMÍLIAAAA"! Imitou até a cara do pai. São "botões de memória" que acionados sempre nos "lembram" aquele momento mágico. Passa a ser um dos muitos códigos que uma família pode e deve criar. Filhos aprendem, nós também. O universo aplaude.

"Amo passear com minha filha"! Digo isso a ela quando saímos para caminhar. São tantas outras frases que precisam ser colocadas para fora, sentidas e praticadas sempre que possível (e às vezes no impossível). Imagine o poder dessa frase em um dia em que ela estiver triste.

Quando encontramos outra criança, ou um idoso ou..., sempre digo a ela que "ele também tem família", que pessoas que o amam o aguardam em casa... Meu objetivo é que ela também aprenda a "olhar para o outro" com os olhos do amor.

Aprendi a dançar com minha filha, a correr..., dormir ao lado dela após o almoço – uma *"siesta"*, juntos, que tal?

Rotinas de espiritualidade. Do mesmo modo, criamos em nós botões de transformação. Muito bonito quando vi a mãe da minha filha, minha esposa, orar demoradamente para a menininha dormir, até ela fechar os olhos, acrescida de palavras doces e um carinho leve nos cabelos, na face e no nariz. Hoje também funciona como uma âncora para acalmá-la quando não está bem. No futuro esse movimento lúdico de correr suavemente com os dedos até a ponta do nariz poderá orquestrar um auto alívio quando não estivermos mais com ela.

Eu passo suavemente meus dedos no nariz dessa menina querida, e como em um escorregador, meu dedo dá um salto mortal e cai sobre aquele coraçãozinho. Ela ri muito. Tenho esperança de que quando machucada por algum "fato da vida" a repetição desse gesto, por alguém ou por ela mesma, a fará em poucos segundos sorrir mais uma vez, com os olhos os lábios e a alma. Vou ensinar isso para um futuro marido. Remédios para a alma.

Hoje não é preciso falar nada. Apenas a aproximação, o gesto e a intenção. Nem amanhã. Acho que sempre pensaremos juntos, eu, ela e a mãe dela:

- FAMÍLIAAAA!

A religião pode ser bem complicada quando não sentimos o que há de forte, bonito e principalmente os valores nela. O último tema/livro do Programa, VOCÊ, CIÊNCIA E ESPIRITUALIDADE, trato da diferença entre religião e espiritualidade, e, como todas elas, quando cheias de justiça, amor e partilha, são grandes coadjuvantes do percurso e do destino.

Portanto, ensine VALORES aos filhos – e aprenda com eles. Nossos filhos já trazem muito dessa inteligência do céu. Os males da vida nos fazem esquecer quando não aprendemos a pensar. Fechamo-nos sem perceber.

Posso dizer o mesmo da política partidária. São apenas diferentes pensamentos para a maioria. Desconsidere os extremismos cheios de maldade e ódio. Há muitas pessoas boas em "todos os lados". Apenas acreditam, pensam diferente. Tenho bons amigos "do outro lado" e tratamo-nos muito bem. O mal fica sempre "de fora" quando você sabe o que deve carregar "dentro" de si mesmo.

Enfim, uma família com significado e propósito.

A sua família, a minha, a de todos nós.

Agora você já está mais preparado(a) para quando um filho(a) chegar com a propaganda daquele político que você "odeia". Excelente desafio para um debate maduro em casa. Tenha paciência e permita a um cérebro mais jovem construir seus próprios caminhos. Com amor e compreensão tudo se acalma.

Comentário maldoso meu para terminar este capítulo. Muito ruim o litígio com um filho. Porém, há uma grande mensagem na "brincadeira" que farei.

Passa o dedo no nariz dele, no seu, e gritem os dois juntos:

- FAMÍLIAAAA!

Depois, sentem-se e conversem como "gente grande".

Capítulo **VII**

Mais Algumas Consciências

Papéis e prioridades. Não são poucas vezes que nos perdemos do que são considerados nossos papéis e as prioridades. Papéis são as posições e funções que nos são oferecidas por nossa história. Somos filhos, irmãos, pais, amigos... Qual o meu papel como filho em minha casa? Qual o papel do pai, da mãe? Quais as responsabilidades de cada um? E aí vem a questão:

- Assumimos esses papéis e como consequência as responsabilidades de cada um deles?

- Principalmente hoje em nosso mundo acelerado tantas são as tarefas e atividades externas que negligenciamos as internas, as principais em casa, sempre aquelas que a natureza impõe para uma família se manter saudável.

Por milhares de anos as relações humanas construíram posições fundamentais com funções úteis para o crescimento emocional dos membros em uma família, pais e filhos, irmãos, do mais velho ao mais novo, cada um em seu papel de hierarquia e atenção. Posições que conferem acolhimento e limites. Acolhimento permite a sensação de lugar e apoio, você tem um local e alguém a quem recorrer, nesse caso uma função principal para as mulheres – maternagem. Colocar limites, função de pai, oferece um norte seguro para a formação de uma boa mentalidade que saberá no futuro posicionar-se nos diversos tipos de tarefas e relacionamentos. São seguranças, dada pela mãe no sentido de força e pelo pai como direção. Irmãos espelhando e cuidando, exemplos e afeto em exercício de divergências a serem antes resolvidas na segurança dos lares, para depois saberem o que fazer nas ruas.

Sempre uso como exemplo uma criança que caminha com os pais e vai um pouco à frente, brincando, sorrindo para tudo, correndo..., e em um momento ela cai, e chora. Levanta-se e volta rapidamente para os braços de quem?

- Da mãe. Acolhimento, carinho, calor.

Então, o pai se agacha, observa que está tudo bem e reforça os limites que a criança não cuidou. Os irmãos observam e aprendem.

Claro que pai também acolhe e mãe determina limites. Mas, dada as funções escolhidas pela natureza para cada um não se permite uma e outra serem exercidas em plenitude. Os braços de uma mãe sempre serão "mais quentinhos", e as regras de um pai, mais assertivas. "Sentimos" de modo diferente.

Lembro-me da minha mãe correndo atrás de mim pela primeira vez com um chinelo nas mãos. Aquilo foi tão inédito que precisei parar para rir da situação. E apanhei, uma chinelada e pronto. Diferente de quando meu pai chegava em casa "para dar uma lição". Bem mais que uma chinelada. Mas..., depois da "lição" o choro era nos braços de quem?

Isso é tão determinante em nossa cultura – o que vou trazer aqui para você agora não tem nada a ver com preconceitos negativos (religiosos) – que o ser humano só consegue "enxergar" Deus como pai, nunca como mãe. Pai, regras, limites, livro de normas e "mandamentos". Já, e principalmente para os católicos, o imaginário popular carrega Maria, mãe de Jesus, como a mulher acolhedora, carregada de ternura e amor. Tudo isso faz muito bem quando interpretado adequadamente.

Os pais estão perdendo esses papéis decisivos por diversos motivos. A negligência acontece principalmente porque as atenções estão em muitos lugares, e por muito tempo, onde não deveriam estar, ao menos tais papéis não deveriam ser esquecidos e negligenciados. Nada errado olhar para o mundo lá fora, viver bastante nas estradas necessárias e distantes do ninho, errado é só olhar para fora.

Por muitos anos as mães desenvolveram as funções de nutrir e acolher. Cuidar dos menores e por que não também os maiores. Porém, há algum tempo, assim como os homens, elas também saíram para cumprir horários fora de casa. Filhos foram deixados com avós ou empregada ou irmãos mais velhos..., esses que mal sabem cuidar de si mesmos. Como consequência direta desse descuido a nutrição está pobre e a falta de "acolhimento" adequado produz gerações inteiras de também desnutridos emocionais. A solução improvisada está na desesperada busca de "nutrição e acolhimento" no comércio, nas lojas, nas modas, nas comidas, nos símbolos de poder, nas relações disfuncionais, no álcool, nas drogas ilícitas, nas... Os papais também perderam "os mandamentos". Limites desapareceram do dia a dia de cada um. E o pior, quem não recebeu, quem não tem em si tais funções, pais e mães, nunca saberão passar para frente, ensinar para os filhos uma segurança que não possuem.

Um futuro nada promissor para a sociedade. As consequências já são visíveis na busca de antidepressivos e ansiolíticos, o aumento considerável do uso de drogas lícitas e ilícitas, as dificuldades gigantes nas relações de casal e tantas outras, na deterioração das famílias e até na ausência da busca por constituir famílias – casais sem filhos, divórcios em sequência e transformados em fato normal, corriqueiro, natural..., até esperado. Mulheres em um último suspiro da fertilidade, angustiadas e desejando loucamente engravidar, um desejo primitivo negligenciado e "deixado para depois", uma última tentativa às portas da menopausa, desesperos, suicídios... CHEGA!

Nossos papéis precisam ser resgatados imediatamente. É verdade, é preciso aprender sobre eles. E o que você acha que estamos fazendo aqui?

- Chamando a sua atenção para múltiplos temas. Para aprendermos juntos e começarmos a adequar nossos papéis e nossas vidas.

É exatamente nesse ponto que quero abordar outro importante aspecto, a PRIORIDADE. Ela caminha junto com os papéis. É verdade, é preciso trabalhar, sair de casa, deixar os filhos com a..., no entanto, nutrição, acolhimento, limites..., pais acordem do transe.

Não foi esse o combinado com Deus para a criação e orientação das nossas crianças. O equilíbrio entre o mundo lá fora e o aqui dentro de casa estão no reconhecer e assumir papéis e prioridades.

Quanta dor existe no mundo devido a essas tantas negligências?

- Quanta cura existe em nós mesmos se olharmos mais para nossas funções e necessidades primordiais?

- Os problemas se misturam e trazem danos uns aos outros quando não cuidados devidamente. Vou citar agora um "calo" enorme em nosso caminho. O descontrole financeiro.

Aspecto absolutamente delicado e capaz de trazer problemas importantes para você, sua família e para a sociedade é o descontrole em relação ao dinheiro. Essa dificuldade é a regra em muitas famílias. Não aprenderemos sobre "controles" se não tomarmos a atitude correta de olhar muito bem para essa questão. Não se pode fugir desse assunto.

Fator gerador de brigas, divórcio, sofrimentos vários. É preciso atenção especial com o tema dinheiro. E não é difícil, mas não basta apenas "acordarmos" para ele, é necessário agir.

Lembre-se, estamos apenas citando importantes "consciências". Trazendo à tona temas que são discorridos de modo muito mais completo em livros específicos para tanto. Aqui, somente um despertador de almas (e vidas).

Confiança, lealdade, fé..., quanto mais ganhamos maturidade, mais elevados nos tornamos.

Qual a consequência direta?

- Menos problemas.

Vamos a outro...

Estereótipos são imagens preconcebidas e estabelecidas por um senso comum. São criados por meio de um modo de pensar de um grupo sobre algo ou alguém. Estereótipos que formamos dos outros, e eles de nós, geralmente são conceitos superficiais, inverídicos e não trazem benefícios para ninguém.

Importante! Se é algo criado e representa uma ideia negativa, ruim, que traz dano a alguém, pode e deve ser repensado, trabalhado e modificado. Porém, para isso, é preciso reconhecimento, intenção e ação. É preciso ser grande.

Quando sem refletir definimos alguém isso pode produzir dor. Rotular o outro raramente é positivo. Nossa falta de conhecimento sobre alguns assuntos nos leva a erros de interpretação. Imaturos, geralmente o fazemos para nos sentirmos melhor. Há um tanto de maldade no meio. Diminuir o outro faz bem para quem está se sentindo fraco.

Na verdade, estereótipo é um preconceito, no sentido de conceito prévio, nem bom nem ruim, por si só. Em nossa língua e por habitualidade a palavra preconceito soa sempre negativa, mas não é.

Um estereótipo – um preconceito – pode estar carregado de boas qualidades e intenções.

Estereótipos de gênero em que um homem deve agir de um jeito e a mulher de outro, atitudes moralmente aceitas naquele momento de uma dada sociedade; estereótipo de etnias ou de cultura, o negro o indígena, o estrangeiro...; estereótipo sobre profissões, até sobre beleza...

Mesmo sem maldade, todos nós carregamos esses "preconceitos" e precisamos ter cuidado com todos eles.

Na verdade, é apenas um "modo de economia" que o cérebro utiliza para interpretar o mundo e tudo o que nele existe. A maldade não está em estereotipar algo ou alguém, mas o que fazemos com essa informação, nosso objetivo, como agimos sobre ela e a atenção ou desatenção para com o outro.

Lembre-se sempre:

- Pelo lado negativo, é a minha fraqueza que tenta desesperadamente diminuir o outro para que eu me sinta melhor e mais em paz. Dá para corrigir isso? Como começar a corrigir?

- Questionar nossas crenças negativas.

Não apenas para este tópico, mas para tudo na vida.

Você já parou para pensar e questionar o que acredita, na maneira como pensa sobre determinados assuntos? Vigiar e orar não foi uma indicação dada por Jesus sem bons motivos (sempre insisto nessa fala de Jesus).

- Valorizar crenças benignas, facilitadoras, sermos mais positivos e otimistas diante da vida – acreditar e ter esperança.

Isso me faz lembrar a caixa de Pandora, que é um mito grego que nos apresenta a história de Pandora, a primeira mulher criada por Zeus.

Na verdade, a "caixa" era um jarro que continha todos os males do mundo e jamais deveria ser aberto. Tal ordem não foi respeitada e assim o sofrimento foi liberado na Terra.

Contudo, dentro do jarro restava a esperança (lá no fundo).
Algumas lições necessárias:
- A dor tem origem em uma "ordem" não respeitada por nós. Ordem no sentido de comando e, também, na percepção de equilíbrio, ordenamento. Importa muito termos ordem em nossa vida e respeitarmos essas ordens. E quando faltar, resta-nos a esperança. Lembre-se dos papéis e prioridades que nos ajudam a criar e manter equilíbrio (em Pandora).

Outro tópico que não podemos deixar de pensar ainda neste capítulo do livro é a avaliação conjunta de certas realidades na família. Avaliação de sonhos que exige planejamento, estruturação e ação. Cada um dando o melhor e o seu possível para o destino positivo de todos. Este é um dos meus temas preferidos (mentira minha, construí todos os temas com muito amor). SONHOS, DESAFIOS E EXPECTATIVAS.

Já vi muita gente chorar em minhas palestras, às vezes também me emociono, choro, peço desculpas e sigo adiante. Porém, vi também pessoas que, de certo modo, nunca imaginaria que ficassem tão tocadas. E ficaram. Conto mais neste livro sobre sonhos. Não é milagre, é intencionalidade.

A avaliação conjunta de problemas. Claro que cada coisa no seu tempo e na linguagem possível para cada idade dentro da família, mas, para mim, todos devem conhecer e participar do conhecimento, do pensamento e das propostas de resolução e superação dos problemas.

Não poucas vezes vejo pais passarem por dificuldades e não participarem disso com os filhos para "protegê-los". Não permitir conhecer os problemas para mim é um engano. Primeiro porque se é uma família adequada todos sentirão orgulho em colaborar com a solução de uma dificuldade, cada um do seu jeito, sua possibilidade. Em segundo lugar, e para mim o mais importante, como ensinarei meu filho a vencer problemas no futuro se eu mesmo o afastei deles quando surgiram?

- No futuro ele receberá as dificuldades para resolver e não saberá o que fazer. Não aprendeu com um pai, uma mãe forte, uma família sólida. Terá que descobrir sozinho?

- Isso nos leva direto para o enfrentamento em conjunto de crises. Problemas graves que afetam um ou diversos componentes da família. Lembre-se:

- "Na saúde e na doença, na alegria e na tristeza..." Casamento envolve todos em uma casa.

Dentro dos rituais familiares um ponto que muito me encanta são as histórias da família. Lembro-me sempre da minha avó contando histórias dos irmãos, do pai, das viagens, que hoje são mais fáceis, mas na época eram grandes aventuras..., as experiências da minha mãe, na escola, nos passeios, como conheceu meu pai... Enfim, histórias da família une as emoções dos filhos e cria um antes e logo é possível enxergar um depois.

Reconhecer as passagens emocionais de quem amamos, vê-los chorar contando as histórias deles, humaniza ainda mais as relações.

Recordo minha avó suspirando ao contar sobre o suicídio de um dos irmãos. Apaixonado por uma moça, pediu a ela que se o aceitasse como namorado usasse em seu vestido no baile da escola uma flor que ele lhe dera naquele dia. Ao chegar ao baile, ela dançava com outro, mas usava a tal for. Assim que se aproximou percebeu que ali acontecia mais que uma simples dança e agoniado ainda assistiu um beijo demorado daqueles dois. Voltou para casa, pegou a carabina do pai e resolveu sua dor da pior maneira possível. Um tiro certeiro na própria boca.

A história parece inverossímil, ridícula até. Mas a dor no semblante da minha avó era verdadeira. Recordo que me levantei e fui abraçá-la.

Minha mãe sempre a vi descer as escadas em casa fazendo bastante barulho com os pés. Uma escada forrada de madeira, imagine. Nós, os filhos, achávamos graça e ela contava que na escola de freiras que frequentou, quando veio para a "cidade grande", todas as alunas ao descer a escada "de madeira" para chegar à sala de aula não podiam fazer nenhum barulho. Caso acontecesse um ruído qualquer, tinham que voltar todas e descer novamente. Isso a marcou de um jeito que passou toda a vida descendo as escadas em casa quase que sapateando, e sempre contava sorrindo sobre "as freiras".

Todos nós temos algumas dezenas de curiosidades para contar. Contar histórias é uma característica humana. Produz identidade. E isso é muito bom. Conte as suas e peça aquelas de quem você ama.

Histórias são facilitadoras de humildade e menos certezas, porque somos apresentados às nossas falhas, aos erros e também aos pecados dos nossos "mais velhos".

Assim como as histórias, vale também a criação de lugares especiais para todos. Quem não tem um lugar que visitava na infância ou uma viagem especial que, quando repetida hoje que somos os grandões, trazem-nos alguma lágrima no olhar?

- Respeite suas histórias. Aquelas que foram um dia, as que estão sendo construídas exatamente agora e as que ainda virão.

Capacidade de adaptação é outro tema importantíssimo.

Darwin percebeu no mundo por onde andou realidades da natureza que são compreensões fundamentais para o que muitos de nós vivemos. A diferença é que o famoso cientista vislumbrou a evolução por milhares ou milhões de anos e nós temos pouco tempo para "adaptações".

No entanto, são verdadeiras, necessárias e às vezes urgentes.

Uma filha chega com a notícia de que está grávida, um filho descoberto usando drogas, um pedido de divórcio (que sempre pode ser contornado...). Haja adaptação.

Comunicação assertiva e de qualidade.

Uma fala que me dá a certeza de que o outro compreendeu o que eu disse, que nada reste dúvida e vice-versa. Uma dúvida, um erro, um mal-entendido, causam problemas, às vezes graves e até irreversíveis.

Um comprometimento consigo mesmo, com a família e com todos aqueles que passam por nossas vidas. Comprometimento com o mundo. Pense que bom seria se todos fossem comprometidos com a vida.

Isso traz para nós o último aspecto que quero levantar neste capítulo, de uma lista apenas levemente tocada, cada assunto nem cabe em um livro apenas. A espiritualidade.

Nunca se afaste dela, nunca negligencie o poder de cura que existe em uma fé verdadeira, no olhar maior para o infinito. Demora às vezes para aprendermos as funções e a grande utilidade de uma fé com qualidade. Há muito significado.

Quando falo sobre o lobo frontal posto pela natureza em nós, exatamente na frente do nosso cérebro, em uma posição maior, superior (imagine bem ali, atrás da sua testa, uma pequena porção neural), eu repetirei aqui o que sempre penso sobre isso, melhor, além disso:

- "Olha lá na frente dos nossos olhos, adiante da nossa mente, acomodando nossa esperança..., está a fé".

Como uma cenoura guia posta à frente que nos faz sair do lugar. Porém, a cenoura é um engano. A fé é a verdade em você, para você aproveitar o máximo dela. É sua, não renuncie a ela.

Então, agora vou refazer a pergunta intencional deste capítulo de outra maneira:

- O que torna uma família cada vez mais forte?

Quero resumir e com você engrandecer essa resposta:

- No momento em que aprendemos a ajudar uns aos outros; quando descobrimos o que é bom para si mesmo e para todos; quando encontramos a beleza no coração de cada um; quando...

Siga você a partir daqui, pense e avalie o que espera de melhor em sua casa para você. E não deixe barato, vá atrás.

Isso é o que nos mostra estarmos cada vez mais preparados.

Isso é o que nos torna humanos melhores.

Isso é o que nos faz feliz.

Capítulo **VIII**

Depressão, Uma Tristeza Líquida

Um estado de sofrimento "sem causa aparente", atente para esse conceito. Um ser humano que desiste. Nem tristeza, nem frescura, mas ainda sem esperança.

Tratamos brevemente sobre a depressão no início deste livro para dar logo uma ideia do que abordaremos neste capítulo. Preparamos o terreno dos seus pensamentos discorrendo sobre tantos traumas, motivos reais para muis tristezas.

Pretendo agora demonstrar para você tanto a origem desse problema quanto um caminho para evitar e até sair dessa dor quando nos sentirmos apanhados por ela.

A depressão primária, definida e determinada como "sem causa aparente", talvez pouco exista, ou nem exista de fato. Sumiram sem explicação os hormônios "envolvidos na causa"?

- Provavelmente o que sentimos como depressão seja simplesmente "a soma de muitas coisas" que precisam ser descobertas, mais bem conhecidas, compreendidas, trabalhadas..., e não foram.

Portanto, os "problemas hormonais" acusados como a causa dos muitos casos de "depressão" diagnosticados atualmente podem estar errados, isto é, há uma dor prévia que nos leva à queda das endorfinas naturais, apenas reflexos e não causa primária.

Qual a importância desse questionamento?

- Veremos logo adiante, mas vou adiantar que provavelmente a resposta final não esteja na farmácia. A abordagem do tratamento precisa mudar.

Os hormônios necessários para o bom humor e a felicidade já estão presentes e muito vivos em você. Dependem quase que somente da ação da sua inteligência maior para recolocá-los em uma melhor direção na vida, melhores escolhas farão você ser capaz de acordá-los (novamente).

Chamei a sua atenção para o "novamente" porque esses hormônios já tiveram uma vida intensa em você. Lembre-se das alegrias naturais de uma criança. Apenas caminhos de dores, ao que chamamos de experiências traumáticas, muitas vezes sutis, aquelas que muitas vezes nem nos damos conta, mas todas elas criam e mantêm uma mentalidade com a qual não nos sentimos dignos de muitas coisas.

Sabe aquele emprego que você não consegue?

- Talvez seja porque você não "pega o telefone" ou talvez "nem vá até lá". Ou, se vai, acha que o entrevistador, o preposto, o empresário são muito mais que você. Eles são pessoas "normais", como você. Nem mais nem menos. Sim, verdade, muitas vezes com diferentes habilidades e competências, até melhores que as suas, mas são também seres humanos. Vivem, se alegram, sofrem, dormem, acordam, erram, acertam...

Algumas pessoas constroem uma mente que pouco acredita em si mesma. Você é plenamente capaz de transformar medo em confiança, mesmo em situações corriqueiras do dia a dia, mas pensamentos e crenças mal construídos são capazes de deixar você "para baixo", tempo suficiente para que surja o que todos chamam de..., depressão.

Certo dia um amigo me contou uma história que um presidente brasileiro estava um pouco tenso por se encontrar pela primeira vez com o presidente norte-americano. Um auxiliar, no avião e a caminho dos Estados Unidos da América, percebeu essa situação. Iniciou imediatamente uma conversa pessoal na qual disse ao presidente que o tal americano era um ser humano tão frágil e forte quanto os dois ali, com qualidades e defeitos, e que a simbologia de ser o presidente de uma nação tão poderosa é importante, porém não suficiente para negar o valor de quem quer que seja.

Verdade, muitos de nós pouco nos valorizamos e muitas vezes até inconscientemente não nos vemos dignos ou merecedores. Importa muito transformar medo em confiança, crença em si mesmo. E lembre-se, nada tem a ver com humildade. Uma atitude pode ser forte e ao mesmo tempo humilde, compreensiva, humana, nada tem a ver com submissão ou, por outro lado, arrogância.

Vai lá agora e "pegue" o seu emprego (sua renda, sua vida, sua felicidade – todo é seu – e de todos nesta vida).

Claro que se eu mesmo não tiver capacidade técnica para um cargo não devo me candidatar..., e se tiver vergonha na cara nem vou pedir esse posto. No entanto, PREPARE-SE para o desafio, para a função e vá ocupar o seu lugar no mundo. Conquiste capacidades e..., voe o quão alto desejar.

Você merece, todos merecemos, mas é preciso agir. E você já é muito mais capaz do que imagina. Suba no palco e assuma as rédeas.

Estamos no caminho, eu e você.

Estou hoje formado em medicina há 37 anos, mas lá atrás vivi o primeiro atendimento, a primeira paciente, com certo receio, claro. Mas confiante e com uma mentalidade que me fez crescer a cada dia. Me capacitei e evoluí para ultrassom, medicina fetal e gestação de alto risco; me envolvi nas sociedades médicas para colaborar com a medicina e assumi várias diretorias; fiz diversos cursos e pós-graduações, também estudei áreas da psicologia, família e passei a dar palestras, escrever livros e... hoje estou aqui desenvolvendo este Programa e rabiscando este livro que você está lendo. Meu caminho encontrou, tocou o seu.

Cresci muito como médico e como pessoa. E sabe por que conto isso para você agora? Acreditei em mim, venci o medo (que era muito) e adquiri confiança. Poderia ter permanecido escondido em meu consultório para o resto da vida, ou nem me formado médico. Quero muito que também acredite em você, Ele acredita.

Contei melhor minha história para você no livro SONHOS, DESAFIOS E EXPETATIVAS. Vou aqui citar apenas uma pequena, mas significativa parte dela. Um "pingo" entre tantas, mas que me ajudou a dar mais um gigante passo.

No quinto ano de medicina, numa fria noite de Curitiba, vou me encontrar com um amigo, médico, chefe da UTI pediátrica de um grande hospital, plenamente capacitado e salvando crianças de uma morte certa. Fui até ele apenas para falar que eu não conseguia me enxergar como médico. Não me via capaz de atender e ajudar alguém em uma profissão tão difícil e com tanta responsabilidade.

Amigos são anjos que Deus coloca em nossas vidas. Lembro-me da cara dele, sério, quieto, sisudo..., olhando para mim enquanto eu falava. Devia estar pensando "...de onde você tirou tanta M%$#&@... para pensar assim?".

A conversa naquela noite, enquanto devorávamos um sanduíche no carro, foi tão boa que eu me formei e em pouco tempo fizemos juntos uma dupla incrível. Eu na obstetrícia de alto risco com as gestantes e ele na pediatria da terapia intensiva. Salvamos juntos centenas de crianças, e nos divertíamos demais com todas as histórias, grandes desafios nas madrugadas dos hospitais... Algumas vezes ele olhava para mim, após um sucesso nosso, e dizia "E aí, incompetente?". Eu sempre entendi a mensagem. Você também entenderá algo muito importante agora.

E AÍ INCOMPETENTE?

Naquela noite, matando o medo e a agonia com um belo sanduíche em uma conversa com um amigo, eu estava... TRISTE (muito). Nada nos impedia de chamar aquele estado de DEPRESSÃO. Ele, médico, poderia me dar uma receita de "felicidade", um papel carimbado apresentando um antidepressivo novo..., ou um amigo pior (um não amigo) me oferecer um baseado ou sei lá, e eu a partir dali seguir por outros caminhos. Simplesmente porque eu não acreditava em mim.

Meu amigo acreditava em mim.

Deus também.

Esses são a maioria dos diagnósticos de "depressão" na população, uma tristeza mal compreendida em uma história prévia ruim na formação de uma mentalidade (que os norte-americanos chamam de) perdedora.

Então vou falar agora para você:

- E aí, incompetente?

Acredite em si mesmo..., e aja.

Somos anjos uns dos outros.

Grande Dr. Lauro Linhares, saudades do amigo e das nossas lutas e vitórias. Ambos ainda trabalhando, mas a vida nos leva para tantos outros caminhos que nos afastamos um pouco, afinal, muito a conhecer e aprender até o último dia.

Vamos agora devagar, e com muito respeito, aprofundar nessa tese:

- Com todos os traumas maiores e menores não bem resolvidos e acumulados, um dia chegamos a "uma tristeza sem fim", e que se convencionou chamar de "depressão". Para mim sempre haverá uma causa a ser combatida.

Tristeza é um estado emocional subjetivo, diferente para cada um. É provocada por "um evento conhecido" e cessa "em um tempo razoável".

Em outras e poéticas palavras:

- "O choro pode durar por toda a noite, mas deve se encerrar com o chegar de um novo dia". Desconheço o autor desta frase, me desculpe.

Lembra-se da esperança? Do vaso de Pandora?

- NOVAS PERSPECTIVAS trazem um novo estado de ânimo. Sempre há o que fazer. Um novo modo de pensar.

O Dr. Lauro, meu amigo, me fez enxergar nossas conquistas lá na frente, o que me deu direção e confiança para seguir. Novas perspectivas "sacudiram" minhas endorfinas. Quero sacudir as suas. Dr. Lauro foi meu "Viktor Frankl" ampliando minha visão de futuro a ser conquistada por melhores emoções e comportamentos no presente. Dar sentido à vida, lobo frontal cerebral, visão de futuro – você no "cockpit" comandando a viagem.

É verdade. Um evento agudo pode desencadear uma dor..., que pode se tornar "depressão maior" quando não se resolve após "bastante tempo". Um sofrimento que parece não acabar nunca. Ninguém merece.

Porém, a maioria dos casos que são diagnosticados e tratados como depressão refere-se na verdade a um "despreparo" que vem de longe, por muito tempo. Resulta de uma sequência de eventos que não foram enfrentados com atitude, apoio e tempo apropriados.

Fala-se muito do "Mal do Século". Porém, para mim – reforçado por minha tese – nada mais é do que nossa inadequação na sociedade.

DESPREPARO...

...que vem de longe, em um tempo importante no qual não nos damos conta, e chega o dia em que a tristeza nos derruba "sem sabermos por que". No fundo, sabemos sim, tudo o que não nos permitimos, não fomos capazes de acreditar, compreender, dar novos significados e fazer novas escolhas.

Vemo-nos sem perspectivas na vida e isso entristece anda mais, além dos motivos originais; uma mentalidade pessimista e descrente; não vemos graça em mais nada; vivemos um luto próprio e solitário, de nós mesmos, do outro, nas relações "que poderiam ter sido melhores", e um consequente isolamento. Alguém distante de si mesmo, sem mais amor-próprio, longe de Deus e da natureza Dele.

Hoje quero ser para você como aquele meu amigo médico. Entregar uma visão de futuro, mas que precisa de atitude agora..., decisão, planejamento e ação. Levante-se e ande, dizia sempre Jesus. Dá para entender a maravilha dessa frase? "Quem tem ouvidos, ouça!", insistia Ele, e eu coloco de outro modo, "Quem tem neurônios pense!".

É verdade. Há uma predisposição, quer seja biológica, quer genética, psicológica e espiritual. Uma delas, algumas ou todas elas. Contudo, a predisposição maior é social e familiar, para a construção de uma mentalidade formada para ver todas as questões naturais do dia a dia como difíceis, complicadas e um EU que se sente não merecedor das coisas boas da vida. Uma autoestima comprometida desde muito tempo.

No livro ALIMENTOS, VIDA E SAÚDE eu apresentei um pensamento de que meus antepassados podem ter sido todos diabéticos, portanto há uma clara predisposição genética em minha família. Porém, é apenas uma predisposição. Será um destino certo se eu não cuidar da minha alimentação e atividades físicas. A predisposição sempre estará lá pronta para eu a liberar, abrir a jaula e soltá-la. Algumas doenças são, em grande parte, nossas escolhas. Alguns descuidos e "o bicho foge".

Tome dois pontos que citei e que considero principais:
- Longe de si mesmo e longe de Deus.
Fato:
- Há de verdade um desequilíbrio dos neurotransmissores cerebrais. Contudo, "consequente e não causa", em uma relação primária

com as experiências de perdas não bem elaboradas. Pouca tolerância à frustração. Elabore, tolere...

Na maioria das vezes, o tratamento médico erra por olhar apenas para o desequilíbrio químico entre neurotransmissores e logo apontar o caminho da farmácia. É preciso olhar muito mais. Ou..., tomar remédios pelo resto da vida e nunca resolver o problema, apenas manter o drama.

Prevenção, tratamento e recuperação podem iniciar com a atenção a um sono reparador e pausas frequentes para descanso; uma rotina diária planejada, equilibrada e sem excessos; alimentação adequada em quantidade (pequena) e qualidade (variada), somada a boa hidratação; práticas de atividades físicas, alguns exercícios – compatíveis com cada idade e ao gosto de cada um; lazer misturado com ócio (criativo); rotinas em família e com amigos; maior contato com a natureza – pés na terra, na grama, na água; valorizar vitórias, agradecer derrotas e saber quando dizer sim e não; desenvolver sonhos e projetos – trabalhar novidades; sexo em uma frequência regular e adaptada ao casal; criar um estado de gratidão para tudo, de bom ou ruim..., e uma boa dose diária de sol – produtor de vitamina D.

Vou insistir, dada a importância e o momento neste livro, e o farei até você assimilar: - Os valores que apregoo para todo o Programa SUPERCONSCIÊCIA/FAMÍLIA DO FUTURO quando compreendidos e aplicados são absolutamente terapêuticos. "Acreditar, compreender, dar novos significados e, por fim, fazer novas escolhas".

Acreditei em mim como médico, compreendi a complexidade e os problemas na construção de alguns pensamentos ruins em minha história, os motivos para esses pensamentos, dei novos significados para o difícil caminho e fiz minhas (novas) escolhas. Esse é um processo de cura (que nunca termina). Mas é fantástico e você merece.

E os medicamentos para depressão, devem ficar de fora?

- Não!

- Podem e devem ser usados, porém apenas indicados quando não se obtêm resultados com as novas perspectivas sobre a vida e somente sob a supervisão e atendimento de um médico, sempre seguidos com psicoterapia.

Em todos os livros de psiquiatria e clínica médica, quando se trata de depressão, afirmam que a psicoterapia DEVE acompanhar o uso de medicamentos. Infelizmente, muitos aplicam apenas a farmácia, deixando de lado a psicoterapia que ajudaria a dar direção e recolocar o nosso cérebro nos trilhos (da vida).

Curioso é que essa indicação nos compêndios e congressos de medicina demonstra claramente a existência e a necessidade <u>do tratamento de uma causa base</u>. Se há uma causa base, isso comprova a minha tese:

- Precisamos cuidar primeiro da causa base. Pouco existe uma depressão devido apenas "ao sumiço das endorfinas".

Veja desse modo:

- Medicamentos, assim como muletas para alguém que quebrou a perna, podem e devem ser usados apenas por um breve período de tratamento e recuperação, enquanto "a fratura do osso do cérebro" se consolida.

Infelizmente, a maioria "adota a muleta" para o resto da vida.

Os problemas não são resolvidos ou superados e o "paciente" entrega para o destino (e para o psiquiatra) toda uma triste vida que poderia e deveria ser maravilhosa. Eu sairia daquela noite de conversa com um amigo em meu carro com uma receita de antidepressivo, passaria em uma farmácia e seguiria para um destino ruim nos travesseiros da minha casa. Ninguém merece isso.

Há também aqueles que "fazem terapia <u>há anos</u>". Nunca se abrem de fato, nunca perguntam..., porque não querem as respostas. Ou..., porque não sabem que existe uma solução e/ou porque não querem a solução. Acostumaram-se assim, acomodaram-se na dor e têm medo de piorar ainda mais o que sentem. Contam para si mesmos que estão bem, mas no fundo sabem que poderiam estar muito mais felizes. E, desse modo, mantêm "acesa" a conta na farmácia.

É verdade, "somos as pessoas possíveis". Sempre insisto nessa frase, mas, por outro lado, também acredito que com as ferramentas mentais certas poderemos "ser" muito mais.

> *"Concedei-me Senhor, SERENIDADE para aceitar o que eu não posso mudar; CORAGEM para enfrentar e modificar o que for possível e SABEDORIA para diferenciar uma da outra"*
>
> São Francisco de Assis

Capítulo **IX**

Ansiedade, Uma Estratégia de Ação

Um estado avançado de defesa que prepara o corpo para a ação. Sempre presente diante de uma mudança (logo ali na frente), uma crise..., um sonho a ser realizado. É um gigante auxílio para enfrentar um fato novo (não vejo a hora de... – feliz, animado). Só será ameaça na medida do meu PENSAMENTO (ai meu Deus, tem prova amanhã – medo).

Lembra-se quando você subiu a primeira vez em uma bicicleta (com rodinhas nas laterais para ajudarem no equilíbrio)?

- Eu lembro muito bem.

- Era a primeira manhã após a noite de Natal e meu pai colocou a bicicleta na calçada para que eu pudesse iniciar a "experiência", meu grande presente. Eu estava "ansioso" para vivenciar aquele dia. De certo modo, meu cérebro infantil tinha confiança de que eu seria capaz. Subi na bicicleta e..., andei (poucos metros, o que a minha capacidade e idade permitia). Eu estava feliz.

- Um priminho dormiu lá em casa para participar do grande evento no dia seguinte. Aliás, ele nem dormiu. Estava com medo. De algum modo a experiência de vida que ele trazia até então não permitia "coragem para tentar", e ele vivia a formação de uma mentalidade de medo.

E assim começa tudo:

- MEDO.

Estado primitivo de defesa que prepara nosso corpo para a ação.

Meu primo recusou, não quis subir na bicicleta. O medo não permitiu. Então pergunto a você:

- Quantos abandonam uma linda história por não aprenderem a administrar o medo?

- Passam a vida "sem subir em bicicletas ou quando o fazem não se veem capazes de tirar as rodinhas".

Medo..., e nele muitos se mantêm.

Vamos quebrar isso?

- Ansiedade é obra do lobo frontal, diferente do medo que nasce e cresce nas áreas cerebrais mais primitivas. O lobo frontal, como já expus em outros momentos do Programa, possui ligação direta com "planejamento estratégico e visão de futuro". Portanto, é uma área neural que me permite antever dificuldades, competições, uma entrevista de emprego, uma viagem, uma prova na escola... Antevê milhões de coisas que "existirão" pela frente..., ou não, nem sabemos, não são realidades ainda. Apenas temos uma visão do futuro (o que é muita evolução para um cérebro).

Ansiedade, portanto, é um estado emocional superior e bom, que se utiliza do cérebro como um todo para que eu possa me preparar para o que vou enfrentar. Convicção de que serei capaz de encarar e superar. E fico feliz quando me sinto bem-preparado, o que acontece na formação de uma mentalidade confiante.

Então..., quando não preparados, SENTIMOS MEDO daquilo que vemos se anunciar em um futuro próximo. E medo é reação primitiva, diferente da ansiedade (que é uma evolução permitida ao cérebro).

Eu estava triste e com medo naquela conversa com meu amigo na frente de um hospital, pouco tempo antes de me formar e enfrentar o mundo como médico. Nem ansiedade, nem depressão. Medo.

Porém, agora note a ilusão, eu era um excelente aluno, no entanto, com dificuldades de afeto que me levavam a ser perfeccionista. "Como eu poderia atender e ajudar alguém se não sabia TUDO". Grandes ilusões nos tiram de órbita. Após 37 anos ainda não sei (e nunca saberei) tudo. Eu via muita responsabilidade em atender alguém e assim nunca me sentia preparado (por mais que estivesse para aquele ano de faculdade).

Quantos de nós não começamos ou sequer fazemos o que temos que fazer simplesmente porque, tecnicamente (ainda), não nos sentimos preparados?

- Para tanto, mais um curso, mais um congresso, mais uma pós--graduação, ou até mesmo uma outra graduação. Isso extenua qualquer um. Acorde. Siga se preparando tecnicamente, mas nunca deixe de se cuidar emocionalmente. Não deixe que o medo impeça o seu progresso.

Insisto, são duas regiões cerebrais distintas. Uma na base, primitiva, função de defesa para fugir (da prova) ou lutar (ao menos colar na prova, caso não consiga fugir). MEDO. Às vezes nem consegue colar na prova, o medo transforma-se em pavor (ruim). Outra, é uma área evoluída, superior, lobo frontal – um avanço da natureza para nós, e também função de defesa, porém, para agir melhor – planejamento estratégico. ANSIEDADE (boa).

Feliz e "ansioso" para enfrentar e mostrar o quanto estou preparado (para andar de bicicleta, fazer uma prova, atender um paciente..., ou pedir a quem amo para fazer parte da minha vida, ou fazer aquela viagem maravilhosa, ou...).

Tudo depende do modo como pesamos sobre "as coisas", sobre todas as coisas, como fomos ensinados e aprendemos a pensar.

Pais, professores, amigos e tantos outros adultos que passam por nossas vidas, olha que responsabilidade temos sobre o futuro mental das crianças. No livro/tema VERDADE, REALIDADE E INSANIDADE detalho bastante sobre essa formação (das diferentes verdades em cada um).

Imagine um grupo de jogadores felizes e confiantes porque conhecem as próprias qualidades, estão ANSIOSOS para entrar em campo, não veem a hora do jogo começar e sorriem sem parar. Agora olhe para o time adversário "sentindo" o nível de ousadia nas camisas de outra cor, sem tanta confiança em si mesmos, uma história de partidas pregressas nada favoráveis... Um jogador está pensado "isso não vai dar certo", outro leva os dedos da mão à boca e rói um cantinho da unha, ele sabe que "não vai dar certo", outro... ... "Eu acho que eles estão também ansiosos..." Não. Eles não estão ansiosos, estão com MEDO.

Pense agora, é importante, muito importante:

- Você é do tipo que muitas vezes pensa "isso não vai dar certo" quando surgem realidades desafiadoras na vida..., ou você sabe que por mais difíceis que pareçam, e às vezes precisamos de rodinhas, é muito provável que seja um grande "vai dar certo"?

No lugar de rodinhas leia-se ajuda.

São sempre dois sentimentos distintos e gerados em regiões cerebrais diferentes. Um deles, o mais evoluído e levou milhares de anos para surgir, toma todo o cérebro e é comandado pelo lobo frontal, área avançada. ANSIEDADE como felicidade antes do início do jogo. Outro, surgido também para nos proteger, porém, há bem mais tempo, milhões de anos, traz de maneira semelhante, mas por outros caminhos neurais, consequências para todo o cérebro. É comandado pelo sistema límbico, área primitiva de defesa. MEDO, como uma agonia antes do início do jogo. "Já que não podemos fugir..., ok! Vamos apanhar (lutar)".

Entenda agora dois lutadores profissionais que antes de iniciarem os socos são colocados frente a frente no tatame para fazerem um ao outro a competição inicial da cara mais feia, a que carrega mais raiva (e poder). A competição cerebral se inicia no dia em que é marcada, algumas vezes meses antes. É um jogo mental que começa. Uma competição entre um medo ruim (fuga ou luta não organizada, apenas reativa) e uma maravilhosa ansiedade (preparatória que dá direção).

Ansiedade é um estado de alerta e prontidão consciente em relação a um fato futuro (futuro, portanto, incerto, não se sabe com certeza o que irá acontecer). Um maravilhoso mecanismo avançado para a sobrevivência, baseado no pensamento de qualidade. Um passo extraordinário da natureza para nós. Novos recursos internos para um ótimo desempenho. "Vou conseguir" – confiança. Um banho de neuro-hormônios positivos. Ansiedade é do bem. Repita agora:

- "Vou conseguir"!

Nada a ver com o "pensamento positivo" que leva muitos a pensarem passivamente que as coisas irão acontecer como mágica, sem uma atitude necessária. Ideias tolas de livros que vendem muito e para leitores medrosos. Pensamento positivo real é a confiança que prepara hormônios para a luta, aconteça o que acontecer.

Pense em um guerreiro medieval antes da batalha. Ansiedade ou medo? O que o fará ter mais chances de vencer a guerra?

Na verdade, algum medo é importante para nos levar ao PREPARO prévio (até se sentir seguro para retirar as rodinhas ou mesmo um pouco antes, afinal, assumir algum risco sempre importa para que a gente não caia na procrastinação e, de certo modo, nunca tire as rodinhas).

Imagine um guerreiro que nunca sai para a batalha no *front* porque precisa se preparar mais um pouco. Já perdeu antes de iniciar "o jogo". Agimos assim?

- Muitos de nós.

Verdadeiros guerreiros caminham ansiosos em direção à luta. Um pouco de temor e não de modo irresponsável, mas confiantes.

O excesso de confiança pode gerar negligência e ao não preparo suficiente para o desafio. Já, o excesso de medo produz paralisia.

Inteligência, portanto, é usar todo o cérebro com EQUILÍBRIO.

Agora, mais um último exemplo, imagine em sua mente um caçador com apenas uma faca nas mãos para enfrentar um tigre adulto e enorme. Ambos possuem cérebro com instintos e emoção. Há uma notável diferença de força física entre esses dois (animais), a favor do tigre.

Contudo, com o lobo frontal, que o tigre não possui, o homem se tornou capaz de "planejamento". Um cérebro superior (em funções).

E nós sabemos quem ganhou essa luta na Terra.

A vida exige PREPARO, para enfrentar um tigre ou uma simples prova na escola. Porém, também confiança em si mesmo, com habilidade suficiente para superar obstáculos que surjam pela frente.

O lobo frontal avalia o que necessito em cada momento e planeja o que fazer. Preparado, aumenta a ansiedade para o enfrentamento e diminui o medo. Equilibra. Ansiedade do bem.

Enquanto subavaliar os meus recursos internos maior será o medo em me posicionar e vou perder todas as lutas. Não sairei do lugar. Meu priminho foi embora e não aproveitou o dia com a bicicleta, mesmo com rodinhas. Talvez você não lute pela promoção, não vá atrás de quem ama, não...

Quando olharmos com cuidado e amor nossas reais capacidades seremos todos dignos das lutas que teremos pela frente, mesmo que não as vençamos. Perder é apenas parte do caminho, muitas vezes até para nossa evolução ou apenas mudanças necessárias de rota. O que não podemos é sair de cena sem lutar e pensar.

Estará tudo certo, sempre.

Conclusão:

- "A vida exige preparo".
- E suficiente confiança.

Capítulo **X**

A MENTE PARA A VIDA

Um pouco mais sobre o cérebro e a mente sob a visão de dois grandes pensadores da nossa história, Sigmund Freud e Viktor Frankl.

- Freud (1856-1939), médico, neurologista e psiquiatra, ficou conhecido como aquele que "descobriu" o inconsciente, presente nas profundezas da nossa mente. Uma força automática que comanda muitas das nossas ações, sem que possamos ou sequer precisemos darmo-nos conta da origem e dos motivos que nos levam a determinadas escolhas e comportamentos. Gigante libido que nos move e sustenta.

De certo modo, interpretei como se ele tivesse encontrado os motores que nos impulsionam pelo mundo, turbinas fortes suficientes para "empurrar" adiante nossas vidas.

Com a ideia do inconsciente ele criou e desenvolveu um método denominado psicanálise, que "nos faz buscar respostas lá no fundo da nossa alma". A mente "que nos leva nas costas" (ninguém sabe para onde).

- Frankl (1905-1997), pouco adiante na história, deu asas, sentido e direção para nossa mente. Enquanto o inconsciente de Freud determina impulso e força capaz de nos levar por todo o infinito, o consciente de Frankl mostra-nos a direção, o caminho que precisamos e podemos ESCOLHER tomar. Uma mente capaz de dar significado para todos nós (tornamo-nos capazes de saber para onde ir e por que).

Como ele chegou a esse pensamento?

- Victor Frankl era neuropsiquiatra e seguidor da psicanálise de Freud. Durante a segunda guerra mundial (nunca vou escrever isso em letras garrafais) foi levado para um campo de concentração nazista. Perdeu a família e passou o inferno no longo e tenebroso tempo que permaneceu por lá. Presenciou horrores, amigos que sem suportar mais corriam em desespero na direção das cercas de proteção para serem metralhados e assim acabar com aquela agonia e loucura.

Ele precisava encontrar um modo de escapar de tudo aquilo, sobreviver "mesmo sem conseguir fugir", sem poder sair "da loucura". E achou uma resposta na própria mente.

Preste bastante a atenção no que ele criou a partir daquela experiência em um campo de concentração..., serve para qualquer agonia diária sentida por todos nós, "nossos campos de concentração" elaborados por nós mesmos e na maioria das vezes de modo ilusório e equivocado.

Tudo na vida são questões existentes na realidade e colocadas por cada um de nós entre emoção, razão e consciência – SUPERCONSCIÊNCIA. O que pensar sobre tudo é na verdade uma escolha.

Ele ESCOLHEU pensar no futuro.

Via a si mesmo dando aulas em uma universidade norte-americana, em um futuro que ainda não podia determinar, mas estava lá em seus pensamentos. Isso trazia para ele calma, alívio, tornava-o capaz para suportar aquelas dores. Ele, como neurocientista, não demorou para compreender o processo que acontecia em sua mente com aquele "exercício" do pensamento. Mesmo imaginando o irreal, pois o futuro ainda não existia, seus neuro-hormônios faziam o trabalho de que ele tanto precisava. Encontrar, por meio da fisiologia própria, o equilíbrio mental necessário para enfrentar qualquer problema.

> **DAR SIGNIFICADO À PRÓPRIA VIDA**
> **UMA CONSCIÊNCIA CAPAZ DE NOS LEVANTAR**

Mais tarde, com o fim da guerra e com a ajuda dos americanos, foi para os Estados Unidos "dar aula em uma universidade", como imaginou anteriormente.

Com base nesse conceito criou e desenvolveu uma terapia, à qual deu o nome de Logoterapia – tem por objetivo maior dar sentido à vida.

Uma experiência terrível é capaz de criar algo maravilhoso para todos nós, dependendo do que você pesa sobre ela, do que se permite pensar, tem coragem para pensar.

Parar de sofrer ou ao menos diminuir a dor é uma questão de lógica. Aqui entra a frase que eu sempre uso:

- "Está tudo certo sempre".

Basta encontrar sentido, aprender a pensar, mesmo em momentos de muita dor.

Pode ser uma catástrofe, rara em nossas vidas, mas ela estará lá em algum momento. Uma perda financeira importante, a inevitável morte de quem amamos... É verdade, sofremos muito, mas agora sabemos que temos a opção (e obrigação) de procurar dar sentido a esses fatos, por mais que nos exija esforço, algum tempo..., e não consigamos aceitar fácil e rapidamente.

Por pior que seja, e não desejamos ou esperamos por tais experiências, é muito bom "aprender" a pensar assim. Enxergar o lado certo.

Porém, (atente a isso), na prática do dia a dia sofremos infinitos pequenos "campos de concentração" que nós mesmos criamos sem darmo-nos conta disso, isso nos atormenta e com o tempo se acumula.

Um erro de alguém caro para você, uma simples falha, um esquecimento, um prejuízo causado por..., seu marido, sua esposa, filhos, pais, amigos, colegas... (complete a lista com quem queira), provoca em nós algumas vezes uma reação ruim, mal avaliada. São nossos pequenos dramas diários que frequentemente tentamos resolver de modo inadequado. Reações automáticas até que..., tudo junto, as emoções não sabem mais para onde ir e surge, não sabemos de onde, uma tristeza imensa. Duas saídas, escolha:

- Diagnóstico de depressão, medicamentos e... ... ...!
- Aprender a pensar. Dar significado, sentido e direção.

Às vezes. a interpretação de que há erros pelo caminho está em nós e não nos fatos em si mesmos (só isso dá outro livro).

O que você pensa sobre tudo depende única e exclusivamente de você. Sim, eu sei, o outro errou. Mas a reação (a escolha da reação) é sua, a mentalidade de que DEVE reclamar sempre, revidar, ensinar o outro o que é o CERTO..., e "correr na direção dos arames farpados para ser metralhado e acabar com a dor..." é SUA.

Raiva, muitas vezes, é sinal claro de que a ferida está em você. Uma emoção que o(a) impede de pensar com alguma ordem, sentido e direção, e pode acabar um casamento, uma festa, um passeio, uma viagem, uma linda tarde de verão..., apenas porque não aprendeu a pensar. Sentiu medo de pensar. Pior, nem sabia que podia pensar.

Certo dia, parei o carro em frente a uma pequena fazenda, um parque rural com diversos animais e brincadeiras para crianças. Parei para que minha esposa descesse com nossa filha, então com cinco anos, já que não havia mais lugar para estacionar ali e eu precisava encontrar um bem mais adiante.

Minha esposa decidiu deixar no carro uma sacola, dessas grandes e que carrega diversas "coisas" de criança. Quando estacionei vi aquela bolsa "vermelha" e resolvi ocultar no piso à frente do banco do passageiro para que ninguém ficasse tentado a quebrar o vidro do carro para roubar". Encontrei um casaquinho preto, ótimo para disfarçar a cor e assim não chamar a atenção.

Assim que coloquei o casaquinho escuro por cima da cintilante bolsa percebi um grande derramamento líquido por tudo. Naquela bolsa havia um "copo grande e cheio de suco".

Droga, pensei, bem que ela podia ter avisado, que raios, que...

Pensava nisso enquanto tentava ajeitar tudo de algum modo. Só que não. Talvez o primeiro "Droga!", mas o resto, a raiva, não.

Lembro-me que segui caminhando em direção ao parque e um diabinho (infantil) na minha orelha esquerda dizia:

- "Vai cara! Você tem que reclamar, tem que dizer que ela devia..., teria que...".

O anjinho na minha orelha direita só olhava e sorria. Ele já sabia que eu era capaz de pensar por mim mesmo.

Não achei que foi legal o que aconteceu, mas o que eu ganharia em reclamar e atiçar o diabinho da orelha esquerda da minha esposa? Estragaríamos o passeio, a diversão e a felicidade da nossa filha..., apenas por um copo derramado?

Cheguei, sorri, e não falei nada.

Almoçamos por lá, nos divertimos bastante, mesmo eu não tendo nenhuma "aproximação" com esses lugares (não gosto de mosquitos, sou guri de cidade e sempre brinco ao dizer que nunca vi uma galinha viva). Mas, ver minha filha feliz correndo atrás de galinhas vivas (coitadas), segurando coelhinhos no colo, lá tinha até avestruz...

Foi uma tarde encantadora (e cansativa).

Quando retornamos ao carro, minha esposa viu a água derramada e o casaquinho dela molhado... A minha esperança é de que o calor do sol sobre o carro secasse aquele incômodo e nada fosse percebido.

- "O que VOCÊ fez?", disse ela.

- "Não viu que tinha um copo cheio aqui...; que esse bolso da sacola é feito para carregar copos d´água; não sabia que...." O diabinho na orelha esquerda dela ria sem parar, o meu também, como que me dizendo "viu, viu!". O anjinho dela ainda estava lá atrás na fazenda, brincando com coelhinhos e correndo atrás de galinhas. O meu disse "péra aí" e voltou lá buscar o dela.

Quantos problemas trazemos para nós apenas por "copos d'água caídos"?

"Freud' em nós nos impulsiona com motor, uma enorme força para agir e reagir.

"Victor Frankl" em nosso lobo frontal dá a direção. Ele encontrou a nossa central de comando, onde deve se sentar o piloto, você com as mãos e a alma em seu próprio manche liderando finalmente o seu destino. É aqui que Deus quer que a gente esteja, somente um comandante posicionado em seu "*cockpit*", olhando para passado, presente e futuro, será capaz de exercitar o livre arbítrio.

Entretanto, nunca perca seu diabinho, ele alerta, ajuda a pensar... E, nunca deixe o seu anjinho brincado "lá atrás", sozinho, longe de você.

A felicidade é o equilíbrio entre impulso e direção. Freud e Viktor Frankl. Agora, a velocidade de subida é decisão sua.

São nossas as escolhas que criarão as melhores histórias.

Relato esse acontecido real aqui, tremendamente frugal e comum em nosso dia a dia apenas para mostrar que TUDO depende do nosso pensamento, das nossas escolhas no que pensar, para o bem e para o mal.

Importa saber que também ESTOU EM PROCESSO, e isso sempre será uma verdade enquanto eu estiver vivo. Todos nós estamos caminhando e aprendendo.

Preciso expor aqui que não consigo sempre me ver "brincando com cabritinhos" sem reclamar do mau cheiro e do cocô deles que acabei de pisar. Que não fiquei contente porque derramei água no carro, que... Eu erro, minha esposa erra, todos nós erramos.

Aliás, tive uma grande vantagem naquela situação do copo, estava sozinho, talvez se estivesse com ela por perto não teria tempo para pensar e ficar quieto. Talvez reclamasse, não sei. Ela não teve esse tempo quando retornamos ao carro. A velocidade de reação ou não reação, isto é, a escolha de como agir diante de um problema, qualquer seja o tamanho dele, conquista-se com treino e, portanto, com o tempo. Dê esse tempo para você (e para os outros). O que importa é "começar a treinar".

Quando alguém começar a reclamar demais à sua frente, brigar, se descontrolar..., fique quieto, ofereça tempo ao tempo, seja tolerante com aquele momento e com quem se perdeu do comando. A reação primitiva é traidora para todos nós. Não se consegue conversar com ninguém essa hora, acredite, o tentar só vai piorar. A razão saiu passear com anjinhos e diabinhos, não há ninguém ali, apenas "um animal ferido tentando se curar". Já usei esta frase no livro/tema AMOR, CÉREBROS E ESCOLHAS. Acredite, tudo vai melhorar se você guardar seu orgulho no bolso para escutar os gritos de choro do outro. Há uma dor que depois precisa ser encontrada e tratada, lambendo as feridas. Repito, DEPOIS.

Victor Frankl também não construiu as emoções e acertos possíveis dele no primeiro dia que se imaginou dando aulas em uma universidade norte-americana, também se angustiou demais presenciando e vivendo tanta dor. É provável que também tenha pensado em um modo de se matar a acabar com aquele sofrimento. No entanto, e para a sorte nossa, permitiu sobreviver para contar as histórias de sonhar com um futuro muito melhor e com isso ser capaz de influenciar e equilibrar as emoções dele (e as nossas).

O que resta de melhor para todos nós?

- Inconsciente: libido, impulso, motor.
- Consciente: visão de futuro, direção e sentido para a vida.
- "Tudo importa quando bem pensado".

Minha mãe, na inteligência própria dela, sempre que via uma criança chorando logo dizia:

- "Dá um brinquedinho que passa".

Isto é, muda o foco, cria outro olhar, desvia a atenção (das balas nazistas), oferece algo (uma universidade americana) para a criança brincar..., um parque de diversões inteiro para você ser feliz com quem ama, em vez de ficar reclamando de copos d'água derramados.

Usei o exemplo do copo porque cabe muito bem naquela história de que foi "a gota d'água". Pare e pense..., e deixe derramar, depois seca. E se estragar o assoalho do carro conserta, troca, perde... O que não se pode consertar, trocar, perder é sua humanidade, sua paz e seu melhor destino.

E lembre-se bem disso:

> **SÓ EXISTE ESSA HISTÓRIA DA GOTA D'ÁGUA QUANDO O COPO É PEQUENO**

Não se permita derramar sua felicidade, aumente seu copo.

A humanidade também criou outro mecanismo de defesa para ajudar a suportar dificuldades. O humor.

Você já fez piada de desgraça?

- Aposto que sim.

Conhece a frase "Rir é o melhor remédio"?

- Nada mais é do que mudar o foco utilizando naturalmente um meio engraçado. Hormônios do amor para aliviar a tensão e... rir. Não é mágica, é colocar intencionalidade lúdica nos pensamentos.

O inconsciente levantado por Freud (motor, força, impulso...) com os significados observados por Frankl (a direção determinada por você), juntos, são capazes de fazer com que todos alcancemos o infinito e sejamos felizes (ao menos contentes). Veremos melhor este "contente" que citei quando chegarmos ao tema final do Programa, VOCÊ, CIÊNCIA E ESPIRITUALIDADE.

Quero desenvolver aqui um parêntese em relação a esses dois médicos Judeus. Um assunto que abordo muito mais no livro SEXO, FAMÍLIA E SOCIEDADE, no entanto, cabe aqui comentar.

Por que tantos judeus vão muito bem na vida? Por que são capazes de criar tanto conhecimento, ciência, tecnologias de ponta? Por que muitos se destacam por onde passam? Por que tantos deles foram merecedores e receberam Prêmios Nobel em diversas áreas? Por que tanta confiança nos relacionamentos entre eles mesmos e com quem os respeita? Quantos por quês, verdade?

- Para mim tem a ver com uma especial atenção à formação da mentalidade, no que concordo bastante e presto um grande olhar por todo o Programa SUPERCONSCIÊNCIA/FAMÍLIA DO FUTURO.

É próprio da cultura judaica uma celebração iniciática para quando meninos e meninas alcançam a idade adulta. Puberdade. Momento no qual os hormônios sexuais do bem se destacam, alçando crianças para o mundo adulto. O povo judeu, de modo muito inteligente, reconhece, advoga e respeita a mãe natureza e faz uma enorme comemoração nessa "mudança de fase", toma como um dos maiores dias na vida desses jovens.

Bat mitzvá e Bar mitzvá (filha e filho do mandamento, da lei). Maioridade religiosa para mulheres e homens ao completarem 12 e 13 anos de idade, respectivamente.

O fato importante aqui não está na festa em si mesma, mas em dois aspectos que considero fundamentais para a formação da autoestima e do autorrespeito desses jovens. É o momento que eles são considerados ADULTOS.

Jovens, sim, iniciando a vida e muito ainda por formar e aprender, mas já são reconhecidamente adultos por toda a comunidade. Isso, faz uma diferença e tanto no emocional de qualquer um, boas-vindas à fase adulta, marcante nesses corações que se sentem mais preparados para saltar para adiante e dentro da própria história, pertencer ao mundo adulto e capazes para realizar.

Isso é espetacular, principalmente quando comparado a nossa cultura ocidental que nem vê esse dia chegar e passar. Nossos jovens descobrem tudo com amigos, vizinhos, parentes próximos, poucas vezes com os próprios pais, de modo desorganizado e subjetivo, e demoram mais doze ou catorze anos de vida para "pensar e sentir" que são finalmente adultos. Conclua você mesmo as consequências disso na formação do caráter e personalidade "das nossas crianças, agora grandes".

Ainda, tão importante quanto, e por ser uma cerimônia judaica religiosa – vou colocar isso em minhas próprias palavras, as que uso em palestras –, os jovens são colocados de mãos dadas com Deus.

Não vejo modo melhor de entrar no mundo adulto. Reconhecido pelos pais e amigos na Terra e por um Deus maravilhoso no Céu.

Imagine-se poder caminhar de mãos dadas com Deus.

Você pode (e deve), nunca duvide disso.

Vou também ensinar um pouco mais tudo isso para você no próximo livro do Programa "VOCÊ, CIÊNCIA E ESPIRITUALIDADE".

Você merece.

Consequências?

- Prêmios, vitórias, desenvolvimento ímpar..., de um povo.

Ok! É penas mais uma tese minha, verdade.

Então, pode contestar.

Antes de terminar este capítulo vamos a mais um assunto no qual crio polêmica (e brigas) porque insisto para que cientistas alterem, mudem um conceito bioquímico de que já muito se escreve e é ensinado nos livros de ciência. Da boa ciência, porque para mim não há erro, apenas uma interpretação distorcida.

E faço isso apenas para "provar" que a felicidade já existe em você.

E sempre existiu.

Talvez já tenha ouvido falar sobre Sistema Endocanabinoide?

- É um sistema neural que existe de fato "em nossa cabeça". Uma região comandada por alguns neurotransmissores dos quais o principal é a ANANDAMIDA. Ela é "produzida em nosso próprio corpo" (atente para isso). O nome deriva do sânscrito e significa "felicidade" ou "prazer extremo". Note que você a possui, aprenda a usar – estou aqui para ensinar.

O fato é que para ela agir (chave) aciona receptores (fechaduras) para que a ação seja alcançada por nosso corpo. Uma droga interna (endógena) que abre as portas para a felicidade. Analgésico natural contra dores e tristezas.

Agora atenção!

Tais receptores (as fechaduras) presentes em nós são muito semelhantes aos da planta *Cannabis sativa*. Canabidiol é a substância que existe na maconha e que provoca os efeitos da droga. A natureza geralmente economiza e nos apresenta muitas substâncias e estruturas em comum, entre diversos animais e animais e plantas, para funções similares (somos todos na Terra – talvez também fora dela – quase farinha do mesmo saco).

Aliás, graças a possuirmos receptores similares é que o canabidiol é capaz de produzir seus efeitos em nós. Se não fosse assim você poderia fumar o quanto quisesse da maconha que não sentiria nenhum efeito.

Olhando para a semelhança biológica, pesquisadores batizaram este maravilhoso sistema em nosso corpo como "endocanabinoide'.

Agora pense! Se a substância que nós mesmo produzimos é a anandamida por que não chamar de Sistema Anandamínico"?

- Será que havia outra intenção no cientista ao batizar o sistema com o nome de uma droga alienígena e que nos causa tantos problemas?

- Alguns artigos científicos até iniciam assim:

- "Conheça a maconha produzida em nosso próprio cérebro". Esse pesquisador devia ter fumado muito para escrever uma asneira dessa.

Desculpe minha falta de postura, mas esse assunto me incomoda muito. Parece que há de fato intenção de alguns em provar que "é normal a maconha para nós, até o cérebro já possui receptores para a droga". Mentira. É uma economia naturalmente encontrada na natureza, como tantas outras.

E agora o mais importante.

E é exatamente por isso que eu trouxe esse assunto para você:

VOCÊ JÁ POSSUI A FELICIDADE EM SEU CÉREBRO

Chama-se anandamida.

E para encontrá-la...?

- Basta usar o cérebro. Aprender a pensar..., com aquela tremenda força em você, encontrada por Freud, e o gigante significado para sua vida, descrito por Frankl. Dois grandes temas, dois valorosos judeus.

Faça hoje o dia da sua maravilhosa festa bioquímica e espiritual.

Sempre há tempo para ser feliz.

Não precisa "trazer nada de fora".

"Anandamidas" para você

Capítulo **XI**

Como Costumamos Pensar?

A partir de agora vamos "brincar" com padrões de pensamentos que nos diferenciam entre o otimista e o pessimista e, como consequência, geram em nós melhor ou pior emoção, portanto, melhores ou piores ações e destinos.

São apenas modos de pensar.

Como você imaginou (pensou) que seria seu primeiro encontro de amor, a primeira paixão? Observe essas maneiras de "ver as coisas":

- "Ai! Será que irá gostar de mim?";
- "Aposto que não vem".

Fácil notar que são pensamentos negativos. Dúvidas, não confiança em si mesmo, no outro, na vida..., e por atitudes produzidas de acordo com esses pensamentos além de fazer você não se sentir bem serão capazes de se autorrealizar e nada funcionar como o esperado.

- "Nada dá certo para mim". Crença negativa.

Como seria se trocássemos essas falas por:

- "Farei com que me ame";
- "Nosso encontro será lindo".

Como seria e o que aconteceria em nossas vidas se melhorássemos nossas crenças?

E na espera do primeiro beijo, qual destes dois pensamentos você prefere (remoer)?

- "Ai meu Deus, o que faço com o meu mau hálito?";
- "Vou amar, será muito bom".

É fato, cuide, escove os dentes, uma balinha de hortelã vai bem, no entanto, o que mais importa é que a emoção criada em nós depende diretamente do que colocamos na razão, daquilo que "pensamos" sobre tudo. Bom ou ruim.

Pensamentos como esses geram uma eterna guerra mental. Eles acontecem quando somos criados com mensagens pessimistas, copiados geralmente de pais pessimistas e tantos outros em nossa infância. Isso é estressante e provoca acúmulo de agonia ao longo do tempo. Se for um padrão suave pode gerar dor sem você perceber. Se é um padrão forte, todos notam, às vezes menos você.

Já se perguntou qual padrão vive em seus dias? Positivo ou negativo? O que domina sua mente (peça ajuda para descobrir, pode mudar tudo, e para isso servem terapeutas).

Toc – Toc – Toc.

"Com licença? Bom dia! Posso fazer uma pergunta?".

- "Sim! Por favor, entre, sente-se e vamos conversar".

Esse é um dia mágico, "momento que pedimos ajuda". E quantos casais já se divorciaram apenas porque não pediram ajuda.

Eu sempre dou o exemplo de como uma criança deve pensar sobre a vida se os pais frequentemente falam aterrorizados dos problemas que existem lá fora..., "Se meus pais têm medo assim, imagine o tamanho do bicho que está ali, depois da janela".

Mesmo sem saber, inconscientemente, tente imaginar o que passa no coração dessa criança quando ela precisar sair para o mundo?

- Isso precisa e pode ser corrigido. Você é muito maior do que imagina. "Você é a pessoa mais importante do universo".

O lado bom disso tudo, independente da história da nossa criação, ocorre quando superamos a imaturidade, a infância mental e passamos a fazer as próprias escolhas:

- "EU ESCOLHO" o que pensar, sentir e viver. Torno-me capaz de avaliar melhor a vida e "colocar no automático" pensamentos melhores sobre mim, sobre a vida, o outro... Mudo perspectivas. Procuro olhar o mundo de outras maneiras. Melhores para mim e para a minha família, amigos, colegas de trabalho..., toda a sociedade. Tudo é beneficiado com a melhora dos meus pensamentos.

Nossos pais não têm culpa, também são vítimas do mesmo processo, apenas chegaram ao mundo antes de nós. Tiveram as oportunidades deles e a força de cada um para mudarem a si mesmos. Encontraram o caminho possível e viveram a história deles. Mudaram o que puderam mudar, cresceram do jeito deles, naquilo que o universo permitiu. Agora o bastão está com você.

Se você tem algum sentimento pessimista pela vida é minha a vontade de fazer você acreditar em si mesmo e pensar diferente. Pensar sobre isso tudo e agir. Não é à toa que uma das frases mestras deste Programa é (vou repetir porque importa) "Você é a pessoa mais importante do universo". Acredite, Deus veio ao mundo por você.

Então pergunto, o que quer ensinar a seus filhos?

- É preciso "ser" para que eles aprendam tudo da melhor maneira possível e mudem definitivamente a história emocional da família. Os "monstros" lá fora existem, mas não são mais fortes que você. Estão lá como lições para você aprender e crescer cada vez mais.

Lembra-se da sua primeira viagem sozinho(a)?

- "Ai, Ai, vou me perder!"

Ou foi assim:

- "Que maravilha conhecer lugares novos".

E o primeiro dia no emprego, como foi?

- "Droga! Não conheço ninguém aqui..."; ou...

- "Que legal! Novos amigos".

Eita, chegou o tão esperado dia da prova.

- "Puts! Não sei nada!"; ou...

- "Vou arrebentar, vou moer, vou acertar todas...".

É fato, somos treinados desde a infância para pensar de um modo pessimista ou otimista. Se, por sorte, otimista, vemos a vida sempre de um modo mais amplo, avaliamos mais possibilidades e procuramos encontrar os melhores padrões. Quando pessimistas vivemos muito mais em um padrão mental de curto prazo. Queremos uma resposta imediata para nossas "loucuras" (e medos).

Basta alguém da família se atrasar daquele horário habitual para chegar em casa, por exemplo, e... prontamente "sobe" uma angústia no coração, emoção ruim, com um pensamento nada animador:

- Acidente; sequestro; morreu...

Certo dia fui passar a noite na casa de uma das minhas irmãs. Ela tem dois filhos e estava divorciada e triste. Eu queria conversar, alegrá-la um pouco, ver meus sobrinhos e fazer companhia. Queria ser irmão.

Quando cheguei, final da tarde, a empregada que não havia saído ainda me recebeu e disse que "a patroa" não iria demorar, meus sobrinhos estavam na casa de alguns amigos e iriam jantar mais tarde. Ok! Vou esperar por eles... A empregada logo foi embora e fiquei ali distraindo meus pensamentos, assistindo qualquer coisa na televisão.

18h e nada, ok, normal; 18h30...; 19h00... Passei a mão em um jornal para pensar em outra coisa e não me preocupar..., e na capa estampava a seguinte manchete:

- "NÚMERO DE MORTES EM ACIDENTES NO TRÂNSITO NESTA CIDADE ESTE MÊS É O MAIOR NOS ÚLTIMOS 5 ANOS". Balancei a cabeça e achei engraçado, acredite, estava escrevendo este capítulo aqui, naquele dia e sorri com o que li. Baixei os olhos e uma notícia logo abaixo na página do mesmo jornal estava assim:

- "SEQUESTRO DE MULHERES AUMENTA, UM DRAMA PARA... blá-blá-blá".

SOMOS TREINADOS PARA PENSAR EM PROBLEMAS

Pouco mais tarde minha irmã chegou e disse que se atrasou porque decidiu passar no supermercado e comprar algumas coisas que sabia que eu gostava e não conseguiu me avisar porque o celular estava sem bateria. Como a empregada estaria em casa para me receber, ela não se preocupou.

Claro que acidentes e problemas acontecem, mas na imensa maioria das vezes não há nada errado, apenas um desvio de caminho, desencontro, desajuste...

FATO:

- É preciso treinar o pensamento para manter a paz sempre.

Confesso que senti surgir uma pontinha da angústia. Mas, como já estou treinado, dirigi meu pensamento para o mais óbvio, "ela chegará logo, apenas passou em algum lugar".

Pessimista "*versus*" otimista; Crueldade consigo mesmo "*versus*" uma realidade mais doce (possível).

E quando o pior acontecer?

- Recebe a dor, sente a dor, administra a dor na certeza de que "estará tudo certo sempre", mesmo quando o mundo todo parecer ter acabado. Com um pensamento mais otimista aceita-se a vida como ela é. Mas, esse será o tema do próximo livro VOCÊ, CIÊNCIA E ESPIRITUALIDADE. Por hora, apenas mantenha a fé em si mesmo(a).

Encontrei uma pesquisa sobre pensamento negativo (porque há muito disso no mundo), um trabalho da Fundação Gapminder – Suécia. Eles formularam para um grupo de pessoas quatro perguntas simples desejando apenas três respostas possíveis:

- Grande; - Estável; - Pequena.

Aproveite e responda agora as mesmas perguntas para você mesmo, o que você acha?

1. Uma das questões era o que pensavam sobre a **extrema pobreza** no mundo? É grande (e está aumentando), permanece estável ou é pequena?
2. E em relação a mortes por **desastres naturais**? É grande (e está aumentando), permanece estável ou é pequena?
3. Agora, o que você pensa sobre o número de **anos que as mulheres adultas se mantêm nas escolas**? Grande, estável ou pequena?
4. E, por fim, a **vacinação em crianças**? Grande, estável ou pequena?

Já respondeu para si mesmo?

- Pense um pouco nelas e o que você acha, antes de seguir lendo.

As respostas em relação aos dois primeiros temas, a extrema pobreza no mundo e as mortes por desastres naturais, obtiveram um predomínio de que vêm aumentando consideravelmente. Em relação às duas últimas perguntas, os anos de escola e vacinas, diminuindo foi a resposta mais frequente.

Ganharam em todas as respostas negativas, pessimistas.

E os pesquisados falharam, tudo ali havia melhorado.

Por que as respostas negativas predominaram, segundo as observações dos pesquisadores?

A) Ideias preconcebidas dos locais onde crescemos, foi a explicação dada por eles. Temos uma visão limitada a partir do meio em que vivemos. Da nossa vila, nosso bairro... NOSSA FAMÍLIA, todos ali nascem e crescem no mesmo ambiente e constroem um padrão de pensamento.

B) Desatualização nas escolas. Afinal, elas também são da vila, do bairro, a visão limitada dos professores que ali atuam – outras famílias.

C) Excesso de histórias sensacionalistas nas mídias. É o que ajuda a vender as próprias mídias e os produtos dos patrocinadores. A emoção do medo faz com que você "consuma dor". Liga a televisão e compra o que a propaganda apresenta para você no intervalo da novela que te emociona e...; abre o jornal e compra o que é promovido logo abaixo da notícia do assassinato naquele dia de uma criança por uma mãe louca...

Tudo isso destrói boa parte da energia do bem, do amor e da felicidade. Desligue, leia um romance, namore na janela...

O medo provoca pessimismo e atração por ele em uma mente limitada, a de todos nós. Dentro e fora da comunidade, isto é, no bairro, na vila ou mesmo no mundão lá fora.

Você já parou para ver um acidente?

- Já "parou para pensar" por que reduziu a marcha para ver alguém esmagado dentro de um carro? Ganhou o que com isso?

- O medo se alimenta também da desinformação, quer seja ela não intencional, apenas uma falha na comunicação, quer fruto de manipulação proposital por parte das mídias. Informações propositadamente incompletas ou dirigidas permitem domínio do comunicador sobre você.

Em todos os casos, acabamos por viver em uma generalização excessiva do pensamento. Não paramos para pensar, não pensamos bem, não pensamos melhor... e o nosso meio torna-se uma grande ILUSÃO.

"A vida é uma ilusão"! Essa é outra frase pronta que corre por aí. Discordo totalmente dela. A vida é uma realidade que por medo mantemos nossa mente, essa sim, na ilusão. A realidade corre ao largo e não a vemos. Adaptamo-nos a elas, ilusão e realidade, e achamos que assim está bem.

Tratamento e cura propostos pelos autores da pesquisa:

- Se a generalização somada a nossa intuição (quando intuímos errado) gera ilusão, precisamos estar abertos para o conhecimento, uma maior observação do mundo, o afastamento das certezas, agora em busca da melhor realidade possível (que nunca será completa graças à subjetividade de cada um). Isso requer SUPERCONSCIÊNCIA.

Acredite, está tudo melhorando e não piorando; não precisamos e não vamos mais exagerar apenas problemas; eles existem sim, mas quase nunca da maneira que pensamos. Nossa SUPERCONSCIÊNCIA, cada vez mais disseminada e global, fará um mundo ainda melhor..., se você quiser. Um mundo melhor para você sempre será melhor para todos.

"Minha irmã voltou para casa, segura..., e feliz porque eu estava lá". Na imensa maioria das vezes é o que irá acontecer e é para lá que meu pensamento e sentimento estarão voltados. Mas, quando não, precisamos estar preparados, para tudo.

Há um livro chamado "Os Anjos Bons da Nossa Natureza", de Steven Pinker, com quase mil páginas, detalhando para nós, por meio de muitas pesquisas, porque a violência em nosso mundo diminuiu, e muito, ao longo de séculos. A natureza humana vem se desenvolvendo, por mais que não nos pareça porque às vezes ainda encontramos verdadeiras atrocidades à nossa frente. Acredite, antes era muito pior.

Então pergunto a você:

- Quais as consequências em nós da persistente visão deturpada e ilusória de um mundo ruim, cheio de dor e violência?

- Nossa visão ainda mais deturpada, oras.

Na verdade, "existe muito mais gente boa no mundo do que má". Apenas o mal é barulhento, o bem é silencioso.

- Precisamos gritar mais?

- Existem pessoas boas que são eventualmente más por traumas, medo e má interpretação das próprias histórias. Bem acolhidas, orientadas e amadas serão capazes de reconhecer o bem nos outros e em si mesmas. Assista Malévola, uma história da Disney, e entenda por que uma jovem tão boa e que deveria viver uma história maravilhosa se torna muito má. No fim, ela mesma descobre quem ela é. Não conto mais nada, assista.

- Precisamos gritar mais para todas as malévolas que vivem em nós.

Existem os sem cura, os psicopatas, os... importante estarmos atentos e protegidos deles e detê-los para também proteger eles de si mesmos.

Resumindo, quero mostrar para você a pior consequência de criarmos e não modificarmos o equívoco mental, as ilusões para a maioria de nós:

- Vivemos mergulhados e reagindo a um padrão mental ruim de longo prazo. E passamos isso para nossos filhos, sem questionar, também para nosso bairro, nossa vila, nosso país... para o mundo. Todos conhecem aquele "velho ranzinza" que vive brigando com as crianças do local; aquela senhora fofoqueira que está sempre na mesma janela olhando e controlando quem passa; aquele senhor que tem três filhas lindas e não permite a ninguém chegar perto; aquela mãe que sofre violência...; aquele filho que começou a usar drogas; aquela... CHEGA!

É possível mudar. Basta abrir os olhos e refletir. Talvez deixar Jesus cuspir na terra e lavar o que de mais caro está posto para você. O que destruímos em nós ao longo da vida e não nos damos conta?

- Somos treinados para pensar problemas. O que gera tristeza prolongada – depressão interpretada, ansiedade desmedida...

A vida só será ameaça na medida do meu despreparo.

Repetindo para gravar bem:

> **A VIDA SÓ SERÁ AMEAÇA NA MEDIDA DO MEU DESPREPARO**

So! Get ready!

Capítulo **XII**

O Que Você Quer?

Colocamos em jogo até agora diversos conceitos que precisam ficar muito claros entre nós, principalmente quando se trata desses que insisto desde o começo do livro:

- Preparo *versus* despreparo.

É urgente buscarmos um preparo cada vez maior. Importa também entendermos melhor depressão e ansiedade. Afinal, são doenças ou apenas sentimentos dependentes do nosso modo de pensar sobre a vida?

- A conclusão a que se chega, pela maneira como trago todas essas ideias para você, é que de fato a vida é feita do que vemos nela, colocamos nela, obtemos dela, entendemos dela, enfim, como reagimos a tudo. Você é o ponto de partida para sua felicidade e a felicidade das pessoas que você ama, convive e desperta. Você é quem vai escolher o que pensar sobre tudo e como consequência planejar, agir de modo melhor e colher bons frutos.

Acreditar, compreender, ressignificar e fazer novas escolhas são os valores de todo o Programa SUPERCONSCIÊNCIA/FAMÍLIA DO FUTURO. Eles existem para que você literalmente passe por cada um deles. É um caminho terapêutico no qual eu poderia acrescentar o valor "confiança". Por que não o fiz?

- Para que a confiança só dependa de você à medida que exercita todos esses valores (e muitos mais). Felicidade é consequência direta da prática de valores.

- Em pauta, ao longo de todo o Programa, o desenvolvimento e a consolidação da nossa maturidade, provocar um forte desejo por ela, que nunca será perfeita, mas possível e bem-vinda.

Então, lembre-se:

- Estamos lidando com estados de defesa louváveis, admiráveis, porém, muito mal-usados por nós. Melhor colocando, mal compreendidos e aproveitados. O medo é uma emoção excelente para evitar e nos livrar de apuros. Fuga e luta. Contudo, o medo não bem pesando só atrapalha. Pode tornar-se raiva cada vez que alguém encosta em uma das nossas feridas, construídas em nossa própria história.

Esses momentos ruins formam outras feridas, às vezes profundas, desnecessárias. É preciso tratar feridas e assim cessarão medos e raivas desmedidos. É urgente buscar ajuda ou seu destino e de quem convive não se mantém. Relações são destruídas e não precisavam ser destruídas. Trate sua dor, por favor.

Forma-se um caminho ruim. O medo leva a um estado que se nominou erradamente de ansiedade e com o tempo (frequência e/ou intensidade) a outro erro de interpretação, a depressão, que, incapacitante, nada mais é do que uma sensação de esgotamento.

Como já vimos, a depressão "surge" após muitos anos, muitos "eventos", muita surra e bastante ansiedade (medo).

A única maneira de não evoluirmos para a maturidade, que seria a boa e possível cura para todos esses males, é a <u>rigidez de pensamentos, as certezas</u> (imutáveis, por um medo consciente ou inconsciente), essas convicções mal elaboradas durante a vida e que nos criam tantas dificuldades. Assim pergunto agora para você:

- O que está esperando para mudar de rumo (e pensamentos)?
- Atitude; Atitude; Atitude...

Muitas pessoas estão tão perto de serem felizes, mas por desconhecerem esses processos mentais jogam tudo fora. Não procuram ajuda para amadurecer e "limpar feridas" e assim ferem ainda mais a si mesmas, companheiros(as) de amor, filhos, família, amigos...

O mal se combate com o bem, uma agressão deve ser enfrentada com a defesa "do lado bom da força". Não é por nada que "Alguém" veio ao mundo para ensinar "amar o inimigo". Amar o inimigo é acreditar na vida, compreender a história que criou aquela mentalidade que reage mal, ressignificar as ações que ele(a) usa para se defender atacando e você escolhe ter outras atitudes com essa pessoa que ama e não a abandonar. Ok! Vou agregar aquele outro valor, você passa a CONFIAR em si mesmo(a) e no caminho diferente que decidiu percorrer. Muitas vezes "o problema" desaparece como por mágica.

Claro que não me refiro aqui a extremos de maldade, você não precisa conviver com as dores proporcionadas por bandidos ou psicopatas, peça também ajuda para diagnosticar corretamente essas pessoas. E se for o caso, FUJA! Siga amando os inimigos, mas saia de perto deles. Isso também vale para pessoas que não fazem nenhum esforço para crescerem.

E se, porventura, for você o personagem do "lado escuro da força", mude. Inicie o caminho inverso. Volte de onde você saiu um dia lá atrás, quer por ter sido verdadeiramente maltratado(a), quer apenas porque viveu circunstâncias que o levaram a interpretar um maltrato ou um caminho ruim que não merecia. Não importa o que aconteceu, pense, é passado, acabou, não existe mais. Hoje é o primeiro dia, cada "hoje" é um primeiro dia.

Claro que não se muda muito pensamentos e emoções em um primeiro momento, é preciso treino, novas vivências, experiências, mas..., para uma nova direção escolhida a cada acontecimento na vida e um novo olhar para o futuro, basta dar o primeiro passo em cada etapa. É apenas uma escolha.

Mude somente um grau no ângulo de direção de partida desde onde está e em breve viverá quilômetros de distância de um sofrimento futuro que estava desenhado para você se persistisse naquele caminho. Ser feliz é sim uma simples escolha. O difícil é permanecer no caminho ruim.

Depois que se aprende a desviar as pedras é preciso reaprender a contemplar as flores. Digo reaprender porque as crianças nascem sabendo contemplar o que é belo, só precisam aprender a "desviar-se" do mal.

Todos nós queremos paz no coração.

Em minhas palestras mostro a imagem de uma criança com uma cara de (mistura de) descrença, suspeita, crítica velada..., sei lá..., e próximo dela um balão com uma frase como se ela dissesse assim:

- "Estou esperando você decidir mudar".

Uma boa construção mental previne, resolve, absorve, aceita..., sabe que passa, verdade, tudo passa. Uma mentalidade ruim vive em dúvida. Dos outros, da vida e de si mesmo.

Então, pensa comigo.

Antes de operar um milagre Jesus sempre perguntava:

- "O que você quer"?

Fantástico!

Aquele cego que permanecia sempre deitado sobre um manto próximo da entrada de Jerusalém ao ouvir o tumulto da multidão com a aproximação de Jesus levantou-se rapidamente e correu até Ele. Parado à frente do Mestre, claro, sem conseguir enxergá-lo, mas "sabendo" que era o filho de Deus que ali estava, ao cego, que respirava ansioso pela alegria do momento, Jesus perguntou:

- "O que você quer"?

Não é estranho Jesus fazer essa pergunta?

- Você pode imaginar o pensamento de um cego aqui, é óbvio, ele quer enxergar. Jesus com certeza já sabia o que o pobre homem mais desejava naquele momento... Porém, Jesus perguntou.

A pergunta tem um significado gigante nessa história.

E nas nossas.

Você sabe de fato o que você quer?

- Nós perguntamos a nossos filhos, companheiros de amor, a nós mesmos o que queremos, por que queremos, se nós podemos, se nós devemos?

Após ouvir a resposta do cego e o milagre se realizar ali, à frente de todos, outro fato extremamente significativo. Jesus completou com a mensagem:

- "Tua fé te salvou".

Assim foi com todos os milagres de Jesus.

O que acha que vai "salvar" você, leitor(a)?

Que milagre você quer em sua vida hoje?

Heim? Heim? Heim?

- Primeiro defina o que quer. Pense antes, pense mais, pense melhor... **"O QUE VOCÊ QUER"**?

- Em seguida, após ter mais claro o desejo, sinta sua fé.

- É essa fé que constrói sua vida (e move montanhas).

Mude a rota, agora.

Capítulo **XIII**

Eu Dou Conta

Quanto maior o preparo e a maturidade, menor será o dano. É impossível evitar todos os problemas. Então... *Get ready*.

Vamos relembrar algumas palavras-chave: evento; trauma; antecipação; ansiedade; medo; depressão; preparo; despreparo; maturidade; imaturidade... Risque dessa lista as palavras despreparo e imaturidade e todo o resto ficará mais fácil.

É só isso para resolver, retirar palavras?

- Não!

- Mas "decidir" tirar algumas palavras-chave da nossa vida.

Um problema deixa de ser problema se você enxergar nele um objetivo maior, um propósito, uma oportunidade.

Se permitirmos que seja resolvido e superado da melhor maneira possível (sempre o possível em nossas vidas).

Se estivermos fortes e vigilantes.

Se..., acreditarmos mais em nós.

> **UM PROBLEMA SÓ PIORA SE NÃO O TRATARMOS COMO ELE MERECE**

São inimigos da felicidade:

- Rigidez e certezas.

A imaturidade nos faz andar por caminhos dolorosos. Nunca se esqueça, você não está só. Então, importa saber (e vou repetir):

- O mundo nunca esteve tão seguro, contudo, hoje as pessoas estão cada vez com mais medo. Por quê?

- Porque o mundo também nunca esteve tão acelerado. Somos muito poderosos, mas não temos mais tempo para olhar uns para os outros. E por isso nos confundimos, nos iludimos ainda mais.

Mães divorciadas vestindo um terninho básico, carregando uma maleta executiva em uma das mãos e um filho "pendurado" na outra. Um pai que nem retorna mais na hora da visita para um filho porque se perdeu em meio a tantas reuniões e compromissos. Ambos, pai e mãe, agora separados e em litígio lutam para acumular não sabem o que para deixar para não sabem mais para quem. O mesmo dilema da pressa e do não pensamento adequado – da não consciência – jogou mais um grande amor na lata da dor e do lixo, filhos "na lata da culpa" e todos na lata do "mundão lá fora".

Estamos destruindo famílias, e o pior, achando normal e que não há o que fazer. Eu discordo, há muito o que se fazer.

O trabalho exige vinte e quatro horas "Tá ligado". Uma expressão comum para demonstrar força, competência..., porém também para esconder limitações pelos excessos de exigências.

- Negamos desconforto psicológico.
- Negamos o estresse pessoal.
- Negamos dores e riscos para nós e para todos.
- "EU DOU CONTA".

Verdade?

- Somos negligentes com nossa própria vida.

Importa saber:

- Desejamos ser (parecer) autossuficientes.

Como esconder que não consigo cuidar de mim mesmo?

- Estão aí as redes sociais que não nos permitem mentir, porque, se olharmos bem, nelas mentimos muito. Novas maneiras digitais para usarmos máscaras, além daquelas que fomos forçados a usar durante uma tal pandemia, máscaras em cima de máscaras.

Quem é capaz de ajudar alguém que deseja muito ser visto no topo da "cadeia alimentar"? Carregados de símbolos como carrões do ano e da moda; casas fantásticas; festas; roupas; viagens; dinheiro...?

- Sofremos uma enorme pressão por resultados positivos e grandes consequências emocionais sobre resultados negativos. Da glória ao fracasso levamos (apenas) um segundo, um minuto, uma hora, um dia..., mas são as ilusões que levam embora nossas vidas.

Não somos onipresentes, onipotentes, onoscientes, tampouco capazes de anular muitas ameaças ou a morte. Podemos dar o nosso melhor, e mesmo assim não resolver tudo. Precisamos de ajuda. Princípios maiores para nós mesmos. Vigie a ilusão.

Perfeição é sermos o possível.

Quem foi o idiota que disse que legal é ser o primeiro da turma?

Legal é estar na turma.

Se você foi um dia o primeiro, ótimo.

Mas, se apenas estava lá com todos, melhor ainda.

Comemore ter "estado lá" e ainda seguir "estando aqui".

Capítulo **XIV**

Limites da Realidade

A vida pode tornar-se muito difícil sem um pensar antes, pensar mais, pensar melhor, então, pense bem! Fiz essa costumeira boba e proposital repetição de palavras porque precisamos "reforçar" conceitos muitas vezes monótonos e cansativos, todos os dias, ATÉ APRENDER.

A repetição faz parte do aprendizado. Mas estamos sempre reprisando e reforçando hábitos bons e ruins. Cuide dos ruins.

- O que estamos aprendendo e fixando em nós, em nossas mentes, nossas crenças, damos espaço para o universo crescer em nós?

- É preciso pensar (antes, mais, bem, melhor...). Realidades precisam ser digeridas pouco a pouco, parte a parte, uma a uma.

Frustração, tristeza, melancolia..., não vêm de graça. Frequentemente as construímos e permitimos que "fiquem". Por isso o aprender a pensar é tão importante.

Nós mesmos colocamos os limites em nossa realidade. Então, coloque limites altos. Acredite em "limites altos" para você.

Será que você não alcança objetivos na vida e sonhos não evoluem por causa de um conceito rígido, um preconceito (bobo)?

- Será?

- Uma noite dessas, jantando com minha esposa, ela contou a história de uma mulher que estava crescendo muito como influenciadora digital. Já ganhava muito dinheiro apenas por frequentar certos lugares. Era convidada e paga para estar lá e o restaurante, barzinho, teatro, evento..., conquistava notoriedade e assim atraía muitos clientes.

Certo momento "a mulher da minha vida, a pessoa mais importante do universo", recostou-se na cadeira e olhando para o nada perguntou:

- O que faz pessoas assim seguirem caminhos diferentes daquela outra senhora humilde que sai cedo de casa, todos os dias, para trabalhar em troco de uma pequena remuneração? O que faz alguns se tornarem ricos e famosos e tantos outros desconhecidos?

- Sabe aquela conversa que é para ser apenas uma divagação perdida na atmosfera de um jantar romântico?

- Sim..., eu sou chato.

- São muitos os fatores que nos diferenciam, respondi. Contudo, posso citar algumas realidades importantes aqui.

Sabe aquela frase "nada é por acaso"?

- Ela é verdadeira.

Será que existe sorte ou azar?

- Bem, não quero me aprofundar aqui pelo lado místico da vida, carmas e outras coisas não menos importantes. Porém, o que mais vale para a nossa conversa, naquele jantar em casal e aqui neste livro, são os nossos pensamentos formados e direcionados, construindo e aproveitando oportunidades. Isto é, pensar e AGIR. Só pensar não vale para a vida.

Se criamos oportunidades e aproveitamos as que aparecem é porque elas estão bem à nossa frente todos os dias e é um padrão mental que faz sairmos do lugar e avançar. Ou não acreditar e permanecer parado. De que lado estou?

- E você?

Gosto do exemplo do cavalo encilhado que passa à sua frente e pular sobre ele é uma opção. É verdade. Oportunidades existem.

Claro que esse caminho pode ser mais fácil para alguns e difícil para outros. Mas, quando vemos alguém de sucesso não fazemos ideia do caminho tortuoso e dolorido que percorreu. Muitos "famosos e ricos" carregam histórias fantásticas e inspiradoras de alegrias entremeadas por sofrimento. Porém, se espremermos cada uma delas encontraremos sempre um "acreditar, compreender, ressignificar e fazer novas escolhas". Some a isso a "confiança".

Por que você acha que uma das frases condutoras do Programa SUPERCONSCIÊNCIA/FAMÍLIA DO FUTURO é "Você é a pessoa mais importante do universo"?

- Não adianta eu escrever ou falar isso um milhão de vezes se você não "acreditar, compreender, ressignificar e fazer novas escolhas". Preciso ajudar você a acreditar, compreender, ressignificar e fazer novas escolhas. Por que você acha que eu repeti...?

O mundo ficará muito mais bonito e feliz se você praticar.

No livro SONHOS, DESAFIOS E EXPECTATIVAS me aprofundo um pouco mais, porém, conte aqui (para você), quais são as crenças que te bloqueiam? Não pode? Não deve? Estou bem onde estou? Fulano teve sorte, ele(a) é mais importante do que eu? Ei! Pare! Abra os olhos, acaba de passar um cavalo encilhado bem à sua frente...!

Naquela noite, e eu não havia percebido ainda, minha esposa demonstrou querer muito ampliar o caminho profissional dela. Fazia algum tempo (muito) que desejava e postergava (justificava, inventava desculpas, negava possibilidades), procrastinar é a palavra correta.

Mas havia uma razão. Ela já havia feito sucesso na carreira como jornalista, dirigia uma revista, trabalhos na TV e..., vieram alguns problemas e depois a realização de um grande sonho, uma linda filha. O que passa no cérebro de uma mulher vitoriosa, diante de uma das maiores celebrações da vida, uma filha (que além de todas as qualidades que vem demonstrando em habilidades e inteligência..., é linda – puxou a mãe)?

Criar a filha e ajudar o marido com o trabalho da SUPERCONSCIÊNCIA parecia certo, no entanto, era o que ela queria?

A história da mulher, a influenciadora digital de sucesso, não surgiu naquela noite por acaso. Aquela conversa estava ali para ser vista, lida em nossas mentes. É verdade, sei por que sou chato. O inconsciente da minha esposa pedia ajuda e eu precisava responder.

Abrir a mente de quem se ama, ajudar a pensar, refletir sobre o passado, presente e futuro, falar sobre desafios, crenças negativas, bloqueios, desculpas. A mulher de sucesso, a presidente de uma empresa, a atleta famosa... estão todas lá não para serem adoradas, mas para nos mostrar que é possível. Para mim, para você..., basta "saltar para cima do cavalo" quando ele passar e seguir seu destino.

Porém, agora o mais importante, não apenas esperar um cavalo vir em sua direção, vá "caçar os cavalos". E quando encontrar, se não estiverem encilhados, salte em cima e se agarre firme nos pelos, faça acontecer.

Mas, e se não der certo...?

- Claro! Não podemos ser tolos, sonhos imaturos e impossíveis muitas vezes são desculpas que usamos para não sair do lugar. Para nos defender de riscos existe em nós um cérebro pronto para estratégias covardes. "Amanhã farei isso..., depois..., semana que vem, segunda-feira".

Mas..., e se mesmo assim não der certo?

- Bem! Eu me diverti muito em meu caminho, cada cavalo que subi e tombo que levei, cada curva que não vi, cada... Mentira! Sofri também e muito, errei comigo e com os outros..., isto é, vivi!

Naquela noite citei para minha esposa "reuniões" que participei, "movimentos" que fiz e que entregaram esperança, mas depois "não deram certo". Então perguntei a ela (e a você):

- Não deram certo?

Não vou ser simplista e construir aqui um papo de derrotado. Mas, sair para jantar com minha esposa, uma filha esperando em casa com os avós... e ainda fazer planos e sonhos, são grandes vitórias. Reuniões fracassadas são apenas aprendizados e correções de rotas.

- "Há vá! Conta outra! Cadê o sucesso, o...".

Responda antes:

- O que é sucesso?

Aquelas pessoas que brilham por onde andam estão felizes?

- Espero sinceramente que sim. E, acredite, não estou jogando um balde d'água fria em nossos sonhos, quero que minha mulher brilhe muito por onde passar e vou ajudá-la para isso no que for possível. Mas, farei tudo para que ela nunca desaprenda que a diversão estava por todo o caminho. Isto é, aprenda a felicidade de estar sobre o cavalo enquanto ele te levar ao seu destino. Se não for assim, talvez não valha a pena o que encontrar quando chegar lá, sem ter agradecido a cada cavalo que literalmente te carregou nas costas. Gratidão é o nome do jogo.

Então, mesmo agora com esses pensamentos em mente, quais características físicas e mentais são exigidas de todos nós, todos os dias?

- Precisamos ser ativos (proativos, palavra da moda, porém, muito útil), impulsivos, entusiastas, ambiciosos, competitivos e individualistas. A princípio eu poderia falar para você, "nada contra" comportar-se assim, mas, existem alguns aspectos que precisam ficar bem claros porque se malconduzidos o nível de tensão pode tornar-se insuportável, um terrível medo de falhar, levando à baixa produtividade..., e isso pode acontecer em qualquer carreira.

Perfeição leva ao desgaste e à dor.

Perfeccionismo é um defeito comportamental curável, uma emoção ruim sempre presente na baixa autoestima quando não aceitamos errar porque temos a certeza de que seremos julgados. E não queremos ser julgados. Há tratamento para isso, sabia?

Fácil falar "ninguém é perfeito", difícil é entender e praticar o "possível" de todos nós, a todo momento.

É verdade, quero fazer você pensar de modo bastante eficiente, sempre, porém..., estamos cobrando demais de nós mesmos, em tudo.

Eu sofri com isso, e me curei.

Fazer bem-feito é diferente de sofrer para que "saia bem-feito". É aceitar o erro, as falhas, o possível, as quedas do cavalo.

Certa vez na infância tinha um trabalho de ciências a fazer para a escola. Decidi rabiscar todas as cores radialmente dispostas em um círculo, colar em um papelão e, com um furo no centro, fixei em um eixo. Quando rodava o papelão colorido poderia demonstrar que todas as cores "desapareceriam" e tudo ficaria branco. A prova prática de que o branco é a soma de todas as cores. Simples, mas eficiente e suficiente para a minha idade.

Minutos antes de sair de casa, não recordo como aconteceu, mas caiu líquido por sobre o papelão colorido, borrou e o aspecto ficou muito feio. Não havia tempo para mais nada. Levei assim mesmo.

Lembro que fiquei muito triste, envergonhado, e não queria apresentar minha tarefa de jeito nenhum. O professor, ao ver meu projeto "apenas manchado", me deu zero no trabalho.

Hoje eu tiraria de letra, não pediria nenhuma desculpa e ainda exigiria um dez, tanto pela ideia do trabalho quanto pela determinação em mostrá-lo para a turma mesmo com o protótipo danificado. Sim, é mais fácil falar hoje. Na época eu queria fugir (como é bom crescer).

No exato momento que escrevo esta parte do capítulo veio à minha cabeça mais uma história para contar a você. Porém, lembrei que em algum ponto desse programa, outro livro (não sei qual) já a contei. Talvez de outro modo, mas..., contei. O meu lado perfeccionista lembrou que "talvez eu já a tenha..." e imediatamente procurei deixá-la de lado. Veja só, como o meu (outro) lado, hoje um pouco mais seguro, reagiu:

- "Que oportunidade para mostrar que não precisamos ser perfeitos, podemos errar, falhar, repetir histórias..., sem nos darmos conta disso"!

Fato, somos imperfeitos, e isso muitas vezes é bom, é normal, bem pensado, sem bloqueios e inibições pode ser até agradável.

E por falar em agradável, existe para todos nós o ócio criativo, tema desenvolvido pelo cientista e filósofo italiano Domenico De Masi, e que nada mais é do que parar a mente por períodos do dia para "descansar".

Desse modo, nos tornamos capazes de produzir muito mais do que trabalhar ou pensar sem parar. A mente merece momentos de férias diárias, o que não se deve fazer é jogar o cérebro em um sofá para "descansar" a tarde inteira, ou para sempre.

Nada impede de detectar uma oportunidade de falar em um jantar romântico com quem ama e aproveitar para oferecer uma cilha. O que não se pode é nunca querer parar de sacudir em cima de um cavalo. É preciso descansar até mesmo para o cavalo beber água (e você, vinho).

Interessante é que muitas vezes me empolgo escrevendo aqui, no entanto, quando me dou conta dessa animação toda, paro e "deixo para seguir depois", às vezes até outro dia. Vou assistir um filme, caminhar um pouco, pensar em outras coisas, fazer outras tarefas..., namorar minha esposa, brincar com a minha adorável filha ou apenas me largar em um sofá mesmo. Em um momento seguinte, até dia seguinte, ideias fluem muito mais e "você" ganha mais riqueza de histórias que saem de uma cabeça muito mais arejada. Um livro bem melhor, que tal?

- Ócio criativo, grande ideia.

Chamei a sua atenção aqui para o descanso do pensamento pela importância de buscarmos equilíbrio em tudo. De outro modo, o próprio Programa SUPERCONSCIÊNCIA/FAMÍLIA DO FUTURO poderia se tornar neurotizante. Portanto, calma, pare, descanse, tudo vai dar certo.

Gastamos muita energia também com as nossas necessidades de reconhecimento, aceitação, pertencimento... Precisamos gastar a mesma energia lembrando sempre do equilíbrio. Você já é top. É preciso se sentir o primeiro lugar muito antes de chegar lá, mesmo que não "chegue".

Normal e muito humano, acertar, errar, errar de novo, acertar..., porém, "QUERO SER EU MESMO".

Ei, medo..., você deixa eu ser eu mesmo?

A frase correta para essa questão será:

- Medo, obrigado por sua ajuda, sempre, porém a partir de agora assumo o controle. Em outras palavras, não vá embora, mas deixa o controle comigo.

Sem essa escolha construímos um dia após dia acima do limite do suportável. E vivemos outras opções:

- Ansiolíticos; antidepressivos; álcool; tabaco; drogas ilícitas; violências; dinheiro; divórcio; solidão; medo constante; sofrimentos desnecessários; autoflagelo...; suicídio.

Qual a saída possível?

- Conscientização de que vivemos ilusões e precisamos "acordar", perder a vergonha, pensamentos mágicos e baixa autoestima.

PRECISO ESTAR SATISFEITO COM MEUS ERROS E ACERTOS, A MINHA PRÓPRIA HUMANIDADE

Uma busca ativa e constante da maturidade.

Pensamentos mágicos são os que geralmente levam alguns ao suicídio. Rotas mentais erradas, atalhos falhos que perturbam as emoções. "Ninguém me quer"; "Nada dá certo para mim"; "Sou um fracasso" ... Essas frases podem até ser verdade, mas apenas porque está fracassando no modo de pensar.

Nada dá certo ou não da maneira como você está vendo as coisas?

Insisto sempre e peço para que você faça esta pergunta:

- "Por que não deu certo"?

- Se olhar bem, não era para dar certo, mas tenha certeza de que se abriu um caminho maravilhoso à sua frente que não seria verdade se "tivesse dado certo", do modo como pensava.

É preciso compreender que a vida é uma dinâmica, uma dança de acontecimentos e você escolhe a música para ouvir enquanto faz seu próprio show.

Será que aquele zero no meu trabalho (manchado) da escola não foi de fato uma excelente lição para eu poder me superar em diversas outras coisas? O trabalho era o fim em si mesmo ou o caminho? O que "deu errado" em sua vida?

A vida é muito maior do que pensamos.

Ninguém te quer? Ou você está atrás de um colo para se esconder das dificuldades? Sim, peguei pesado aqui, mas..., às vezes alguém precisa fazer isto com a gente. Pegar pesado.

Na verdade, ninguém quer a morte, mas deseja chamar a atenção e ao mesmo tempo parar a dor. Suicídio é a opção por uma saída mais fácil e teatral, uma vingança contra o insuportável. Posso apertar o botão do deletar, afinal, "ao menos a minha morte eu domino". Vivemos uma insatisfação desorientada e buscamos uma saída épica.

Certa vez ouvi da minha irmã que eu era um fracassado. Ainda bem que já tinha maturidade suficiente para saber que ela não estava bem naquele dia e que o padrão de pensamento dela sobre o que é sucesso era apenas diferente do meu.

Administrei bem minha emoção, eu amo minha irmã e sei que ela me ama. Acreditei, compreendi, ressignifiquei a situação e fiz uma boa escolha, reagi com serenidade. Lembre-se mais uma vez que esses valores do Programa são preventivos e terapêuticos.

Naquele momento já havia realizado muito na medicina, em minha especialidade médica, e contribuído de modo significativo nas diretorias de sociedades médicas. Cresci o suficiente para me destacar em diversos pontos... Fiz muito. No entanto..., meu casamento "fracassou", fui literalmente roubado financeiramente por um bom tempo, fiz alguns investimentos errados, por má orientação e a falta de maior cuidado por minha parte, investi bastante tempo, energia e dinheiro neste Programa SUPERCONSCIÊNCIA/FAMÍLIA DO FUTURO, que agora você está lendo (e se Deus quiser, vivendo).

Para construir algo notável leva de você muito mais do que seria necessário, se não tiver cuidado.

Como médico, para mim "dinheiro" sempre foi, e ainda é, apenas consequência de trabalho e dedicação. Medicina é entregar-se ao outro.

Como os recursos "vinham" e eu pagava as minhas contas, estava tudo certo e podia me ocupar com os problemas de cada paciente em meu consultório e em minha vida. Nunca economizei em congressos e equipamentos médicos, respectivamente, conhecimento e ferramentas de trabalho.

Vou repetir, a visão de sucesso da minha irmã era apenas diferente da minha. Então, pergunto, quantas visões diferentes sobre a vida são capazes de nos desestabilizar e por quê?

Permita-me entrar em um pensamento real e necessário, aqui tocados de modo genérico.

REAPROXIMAÇÃO E ESTABILIZAÇÃO:

- Com a família.
- Consigo mesmo.
- Espiritual.

Sempre uma aproximação e estabilização possíveis, elas nunca serão perfeitas. Mas, suficientes para acreditar, compreender, dar novos significados e fazer novas escolhas.

Escolhi amar minha irmã, acreditando em mim mesmo e na minha maneira de ver e sentir o que é sucesso. Se você este lendo isso aqui e agora, creio que consegui.

Não sou um fracasso.

Você não é um fracasso.

Vamos viver CONTENTAMENTO E GRATIDÃO.

Também escolhi amar, ajudar e ser ajudado por minha esposa. E juntos, nunca deixar de cuidar, respeitar e observar o lindo cavalgar da nossa filha pela vida, com todos os cavalos das oportunidades que surgirem à frente dela.

Minha irmã, segue o caminho dela.

Com todo o meu amor.

Capítulo **XV**

Possível e Útil

Seria interessante uma revisão na carga de trabalho? Buscar e oferecer apoio dos amigos, família..., sociedade? Encontrar estudos em áreas de atuação focados em limites possíveis? Discutir e repensar comportamentos idealizados? Ressignificar o sofrimento, a dor e a morte? Compreender pessoas difíceis, colegas difíceis, ambiente difícil...? Reconhecer e administrar os limites, meus e dos outros? Renunciar à perfeição, de muito *status*, mais dinheiro, mais...? Seria possível "voltar para casa"?

Com esse pensamento "voltar para casa" desejei espiritualizar nossa conversa. Talvez preparar para o último livro do Programa VOCÊ, CIÊNCIA E ESPITIRUALIDADE, momento em que pretendo colocar você de mãos dadas com Deus. O seu Deus, não o meu, ou de ninguém.

Talvez precisemos "voltar para casa" como o filho pródigo, umas das grandes histórias da Bíblia, um filho que nunca perdeu o pai. Ou, quem sabe, um "voltar para casa" com objetivo de convencê-lo(a) a retornar para os seus, passar mais tempo com sua família, as pessoas que você tanto ama.

Vamos parar com as cobranças e construir em nós a superação. Repensar destinos. Não somos deuses, somos gente. Urge ressignificar comportamentos e família, amor e humanidade.

Alguns nos consideram super-heróis, porém, todos sabemos que não conseguimos voar. Por isso, muitas vezes nos sentimos uma farsa..., por vezes fracassados, e lutamos muito para deixar de ser essa farsa imaginária, ilusória, mentirosa. E ficamos doentes, temos medo, sofremos e erramos ainda mais. Quantos moradores de rua podem estar nesse círculo vicioso e negativo de ilusões? Abandonaram suas famílias porque equivocadamente acreditaram em derrotas.

Somos orgulhosos por trabalhar demais, comer errado – comidas de má qualidade –, dormir pouco, exagerar, arriscar..., esconder nossas fraquezas, e ainda dizer:

- "Queeeemmm, EU?",
- A realidade acaba nos vencendo e um dia a gente tomba.

E lá vem alguém gritando com você:
- "A vida é dura para quem é mole"!

E um dia a gente tomba mais uma vez. Menos exigência, "*please*"!
- "A vida é dura para quem não aprende a amar".
- "Ei! Aí! Você faz o que pode"!

Uma das maiores prioridades:
- Aprender a viver.

No entanto, como viver em detrimento da própria vida?

Você, família, filhos..., afeto, relegados a um segundo plano?

- Lutamos tanto pela vida que acabamos perdendo tudo. É preciso aprender a "conviver". Trabalhar, estudar, descansar, amar...

Somos humanos...

É PRECISO APRENDER A SER SUPER-HERÓI

E nós somos.

Com todo amor do mundo, só você sabe pelo que passou.

Aceite sua história de vida, suas vitórias, que não foram poucas.

As dificuldades apenas te prepararam para um próximo desafio.

Parabéns por suas superações e por ter vindo comigo até aqui.

Vamos juntos para muito mais.

Muito obrigado.

Posfácio

Quero contar uma coisa para você.

Pouco importa qual o nome e significado que você dê para traumas, depressão e ansiedade. Meu objetivo, e acredito que o seu também, é diminuir ao máximo o sofrimento. Nunca "acabaremos com ele". Porém, importa muito aprender a conhecer as causas, caminhos, significados e, portanto, como "administrá-lo".

O amor é uma força incomensurável e universal, isto é, não há como medir ou comparar e não existe alguém que não o tenha no coração, não precise dele, não corra atrás. O amor é uma estratégia da natureza para que fiquemos todos juntos (mesmo distantes) e possamos evoluir no mundo em que vivemos. Muitas vezes estragamos tudo.

O problema acontece quando a vida nos leva por caminhos que o deixa escondido em algum lugar do nosso peito, abafado, não o vemos ou, se sabemos onde possa estar, sentimos muito medo de entregá-lo para alguém, perder o pouco do que nos resta dele e assim não o permitindo viver plenamente nem mesmo para nós mesmos.

Com o passar do tempo, descobrimos cada vez mais pessoas temerosas do amor. De certo modo, todos nós.

Cresci olhando para o outro, cooperando com outro..., e descobri mais tarde, não sem desconforto e alguma dor, que muitos vivem olhando mais para si mesmos. Isso traz um desequilíbrio nas relações, difícil de resolver. Difícil trocar com quem não quer dar.

Na infância eu pensava como todo mundo. Fazer amizades, brincar..., ajudar quando preciso e ser feliz nessa relação entre "irmãos". Acreditava que muitos seguiriam assim. Triste equívoco, silencioso desconhecimento. Descobri com o tempo que alguns também querem a amizade, contudo, desenvolveram uma mentalidade se preocupando muito mais com o próprio umbigo. Demorei muito para me dar conta disso.

Dar e receber é uma lei universal e é preciso buscar ativamente um equilíbrio entre essas ações. Se você apenas dá, com o tempo fica sem. Se você apenas recebe, está tirando muito de alguém, mais do que deveria. Não funciona.

Parece simples resolver isso, mas não é. Porque desconhecemos a origem, os motivos que nos levam a esse desequilíbrio. E quando passamos a conhecer não conseguimos dar atenção adequada a ele.

Em algumas situações jugamos alguns atos e comportamentos dos outros como maldade, o que muitas vezes é, porém, uma "maldade reativa", aprendida com a própria vida. Circunstâncias na história de cada um levam à construção de uma mentalidade carente, sofrida e que escolhe conquistar amor "roubando-o" do outro, tirando mais do que devia.

Poucos são aqueles que carregam um distúrbio de formação tão acentuado e intratável. Acredito que a maioria das pessoas é boa, muito boa, e eventuais maldades são ocasionadas e geradas por narrativas internas recheadas de medos e ilusões. SUPERCONSCIÊNCIA encontra as causas, trata e cura.

Por que trago isso agora, afinal, acidentes, tropeços marcados são fatos da vida que apenas "acontecem"?

- Sim, no entanto, precisamos "estar lá" para ajudar e, muitas vezes, sermos ajudados com nossas próprias dificuldades. Talvez apenas estarmos todos presentes, oferecendo colo para um descanso e os braços para um levantar – não se pode permanecer para sempre em um colo..., adoece, atrofia, morre.

Portanto, equilibrar e dar um significado maior para nossas "amizades" e tantas relações de amor são essenciais para a compreensão deste livro e do tema "sofrimento". TRAUMA, DEPRESSÃO E ANSIEDADE quer apenas ajudar você a enxergar as coisas de modo um pouco diferente, mais leve, com mais amor.

A dor sempre irá existir em momentos ímpares da nossa vida. E será nesses momentos que precisamos estar lá, juntos uns com os outros. Às vezes será uma dor muito forte e precisaremos de muita gente.

Lembro-me do momento que estava em casa sentado em um sofá apenas esperando mais um dia comum terminar..., e recebo um telefonema do meu pai. Ele, em prantos, disse que minha irmã havia sofrido um acidente. Ela tinha viajado naquele final de semana e estava na estrada voltando para casa quando ocorreu o desastre. Foi levada para um hospital perto do local. Segui imediatamente até meu pai e assim que me viu me abraçou e disse ainda chorando muito que ela estava com hemorragia cerebral. Soube que havia sangue saindo pelo ouvido. Um forte sinal de gravidade.

Dirigi o carro na estrada naquela noite, na direção da cidade para onde ela foi levada. Meu pai ao lado gritava sem parar o quanto a amava. Assim que chegamos ao hospital recebemos a notícia de que ela estava sendo operada e senti um alívio, afinal, se estava sendo operada ainda estava viva e tinha chances. Esse alívio foi embora logo que vi a tomografia da cabeça. Não havia mais ordem onde deveria existir um cérebro. A cirurgia era apenas para colocar alguns ossos no lugar e evitar que outras situações piorassem ainda mais o quadro, caso sobrevivesse. Ela faleceu naquela noite.

Voltamos para nossa cidade a fim de preparar tudo e receber o corpo que retornou para casa no dia seguinte. Avisamos a todos sobre o acidente, porém apenas quando chegavam ao hospital contávamos que ela já havia morrido e apenas o corpo estava para chegar.

Minha irmã era uma mulher linda, cheia de vida e amor, para dar e receber. Quando vi seu rosto, assim que chegou, parecia serena, apenas uma pequena marca no queixo que não permitia imaginar a imagem do cérebro destruído, que eu havia visto na tomografia.

Só minha irmã para falecer no feriado do Dia de Finados, pensei, sim, porque o cemitério estava tremendamente florido "para ela".

Ela tinha apenas 26 anos de idade, eu 28. Pensei por um momento por que Deus me deu dois anos a mais que ela? Será que ela havia vivido tão intensamente que "gastou todo o tempo"? Acredite, ela viveu. Hoje tenho 61 anos, boa parte deles em homenagem a ela, à energia e ao amor que ela demonstrava por todos.

Verdade, usei esse exemplo de dor para desenhar uma realidade pela qual todos nós passamos. Ninguém ou nada nos livra da dor, do sofrimento, das tantas perdas que suportamos na vida e todos nós precisamos enfrentar a morte, um dia. De alguém amado ou a de nós mesmos.

O que não podemos, não queremos e nem merecemos é a morte em vida. É não lavarmos os olhos para poder enxergar a beleza que existe nas flores que decoram cemitérios plenos de saudades.

Lágrimas são instrumentos de limpeza para os olhos a fim de que possamos enxergar melhor o caminho. E as saudades sempre devem ser acompanhadas da esperança para nos tornarmos ainda mais capazes de permanecer saudáveis, felizes e repletos de amor.

Nunca devemos manter uma dor eterna pela não aceitação da perda. Aqui, em memória da minha querida irmã Cristina Leal.

Neste livro, esse Programa todo foi desenvolvido não para que as nossas dores simplesmente não existam, mas, para que eu e você possamos merecer uma força maior e tornarmo-nos capazes de passar por tantos problemas e derrotá-los na essência, nos fundamentos, porque só assim as dificuldades se tornarão passagem, aceitação e contentamento.

Você, filho(a) do Pai mais poderoso do universo, terá medo do quê?

- Você é amado(a) por muito mais pessoas do que imagina. Existe uma "fila" imensa de gente torcendo por você.

O último tema do Programa SUPERCONSCIÊNCIA/FAMÍLIA DO FUTURO, o próximo livro, possui apenas um objetivo:

- Fazer você acreditar que é sim o protagonista de todas as histórias, todos os dramas e alegrias da vida, e agora poderá escolher passar por tudo isso sozinho..., ..., ..., ou de mãos dadas com Deus.

Essa escolha não é difícil.

Porém, sempre será SUA a decisão.

Acreditar nela, compreender a importância disso tudo em sua vida, ressignificar todos os acontecimentos por um lado bom, mesmo que não pareça, e, por fim, fazer as escolhas que você merece.

E creia, você merece.

Sofrer é uma realidade inescapável, inegociável, contudo, aprender com a história, sentir-se aliviado e se posicionar como filho do Ser mais poderoso do universo, não tem preço.

Por mim, por você, por todos nós.

José Jacyr Leal Jr.

A História do Fazendeiro Chinês

Era uma vez um fazendeiro chinês. Um dia, um de seus cavalos fugiu. Seus vizinhos vieram até ele comentando como aquele acontecimento era um infortúnio. O fazendeiro respondeu: - "Pode ser".

No dia seguinte, o cavalo que fugiu voltou trazendo com ele sete cavalos selvagens. Os vizinhos apareceram novamente dizendo que isso era uma grande sorte. O fazendeiro respondeu: - "Pode ser".

Depois disso, o filho do fazendeiro tentou domar um dos cavalos selvagens e caiu, quebrando uma perna. Os vizinhos vieram lamentar o ocorrido dizendo que aquilo era muito ruim. O fazendeiro respondeu: - "Pode ser".

No dia seguinte, oficiais do exército que estavam recrutando soldados apareceram, mas não levaram o filho do fazendeiro por conta da sua perna quebrada. Os vizinhos vieram ao fazendeiro falando sobre como aquilo era ótimo, e ele respondeu: - "Pode ser".

Alan Watts
Este livro será muito bom para você!
- "Pode ser".
É fundamental aprendermos a "ler" a vida.
- "Pode ser".
Entendeu ou quer que desenhe?
...
...
"Pode ser".

Jacyr Leal

Bibliografia

Você é do Tamanho dos Seus Sonhos – César Souza
Além do Topo – Zig Ziglar
O Líder 360° – John C. Maxwell
O 8º Hábito – Stephen R. Covey
Você Pode – Paul Hanna
A Vida é Um Combate Sucesso é Dor – Rogério Caldas
Transformando Suor em Ouro – Bernardinho
A Boa Sorte – Philip Kotler
O Poder de Servir Aos Outros – Gary Morsch e Dean Nelson
Competências Emocionais – Monica Simionato
Fernão Capelo Gaivota – Rchard Bach
20 Passos para a Paz Interior – Pe. Reginaldo Manzotti
O Poder do Agora – Eckhart Tolle
O Imensurável Amor de Deus – Floyd Mc Clung Jr
Anjo Como Mestre Interior – Jean-Yves Leloup
A Razão da Vida – Cesar Romão
Você Não Está Aqui Por Acaso – Rick Warren
Habitar Humano – Ximena Dávila Yánes e Humberto Maturana Romesin
Memória e Construções de Identidades – Maria Tereza Toribio Brittes Lemos e O Segredo das Crianças Felizes – Steve Biddulph
Saber Amar – Luiz Alberto Py
A Vida Não Precisa ser Complicada – Leila Navarro
Talento Para Ser Feliz – Leila Navarro
A Arte do Possível – Rosamund Stone Zander e Benjamin Zander
O Ciclo da Auto Sabotagem – Stanley Rosner e Patrícia Hermes
A Magia da Mudança – Dalmo Silveira de Souza e Solange Maria Rosset
Felicidade é um Trabalho Interior – Souza e Solange Maria Rosset
Por que Tenho Medo de Lhe Dizer Quem Sou? – John Powell, S. J.

Sucesso e Significado – Alex Dias Ribeiro
Superdicas de Viver Bem – Flávio Gikovate
Você é Feliz? – Flávio Gikovate
Tornar-se Pessoa – Carl R. Rogers
Perdas Necessárias – Judith Viorst
Diante da Dor dos Outros – Susan Sontag
As Mudanças no Ciclo de Vida Familiar – Betty Carter e Monica McGoldrick
Terapia Familiar – Michael P. Nichols e Richard C. Schwartz
A Arte da Paz – Sun-tzu
Esperança para Viver – Ellen G. White
As Grande Lições da Vida – Hal Urban
As 6 Decisões Mais Importantes que Você Vai Tomar em Sua Vida – Sean Covey
O que nos Faz Felizes – Daniel Gilbert

Breve Currículo

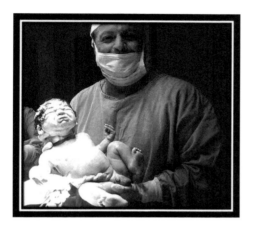

Todos os dias vejo nascer um "Ser Humano". Com o nosso apoio, será um cidadão Extraordinário!

ATIVIDADES SOCIOPARTICIPATIVAS:
Associação Médica do Paraná – AMP.
Delegado da Associação Médica Brasileira.
Federação Brasileira de Ginecologia e Obstetrícia – FEBRASGO.
Sociedade Paranaense de Ginecologia e Obstetrícia do Paraná – SOGIPA.
Médico do Corpo Clínico Hospital Santa Cruz e Hospital Santa Brígida.

PÓS-GRADUAÇÃO (além das especialidades médicas).
- Psicomotricidade Relacional – CIAR.
- Nutrologia – ABRAN.

CURSOS:
- Obstetrícia em Gestação de Alto Risco Hospital La Fé – Valência – Espanha.

- Terapia Familiar Sistêmica – CTI.
- Neurolinguística – OTP.
- Emotologia – CC.
- Qualidade de Vida – PUC-PR.
- Medicina da Longevidade – GLS.

José Jacyr Leal Junior
Av. Silva Jardim, Nº 2042, Conj. 505 – Água Verde – Curitiba/PR – Brasil
Tel. (41) 3342-7632 / 99972-1508
caf@jacyrleal.com.br – www.jacyrleal.com.br

SUPERCONSCIÊNCIA/FAMÍLIA DO FUTURO